ACÁ NO HAY VENTANILLAS

La burocracia de la calle en los programas sociales

Diego Cerna • Luis García • Félix Puémape
Paolo Sosa • Mauricio Rentería • Lucila Rozas

Acá no hay ventanillas

La burocracia de la calle en los programas sociales

IEP
INSTITUTO DE
ESTUDIOS
PERUANOS

Serie: Perú Problema, 55

Horacio Urteaga 694, Lima 11
Telf.: (51-1) 332-6194
www.iep.org.pe

ISBN: 978-9972-51-653-5
ISSN: 0079-1075
Impreso en Perú

Primera edición: noviembre de 2017
1000 ejemplares

Hecho el depósito legal en la Biblioteca Nacional del Perú: 2017-16083
Registro del proyecto editorial en la Biblioteca Nacional: 31501131701228

Corrección: Sara Mateos
Diagramación: Silvana Lizarbe
Carátula: Gino Becerra
Cuidado de edición: Odín del Pozo

BIBLIOTECA NACIONAL DEL PERÚ
Centro Bibliográfico Nacional

361.6
A

Acá no hay ventanillas: la burocracia de la calle en los programas sociales/Diego Cerna, Luis García, Félix Puémape ... [et ál.].-- 1a ed.-- Lima: Instituto de Estudios Peruanos, 2017 (Lima: Litho & Arte).
226 p.: il.; 21 cm.-- (Perú problema / Instituto de Estudios Peruanos; 55).

Bibliografía: p. [209]-226.
D.L. 2017-16083
ISBN 978-9972-51-653-5

1. Asistencia pública - Investigación - Perú 2. Programas de emergencia social - Perú - Evaluación 3. Función pública - Perú 4. Burocracia - Perú 5. Investigaciones evaluativas (Programas de acción social) - Perú 6. Pobreza rural - Perú 7. Población rural - Perú 8. Perú - Política de población 9. Perú - Política social - Siglo XXI I. Cerna Aragón, Diego, 1990- II. García Ayala, Luis III. Puémape, Félix IV. Instituto de Estudios Peruanos (Lima) V. Serie

BNP: 2017-2922

Índice

Lista de siglas

FSU	Ficha socioeconómica única
INEI	Instituto Nacional de Estadística e Informática
MIDIS	Ministerio de Desarrollo e Inclusión Social
MINEDU	Ministerio de Educación
MINSA	Ministerio de Salud
PCM	Presidencia del Consejo de Ministros
PRONABEC	Programa Nacional de Becas y Crédito Educativo
RENIEC	Registro Nacional de Identificación y Estado Civil
SIGOF	Sistema Integrado para la Gestión de Operaciones de Focalización
SIS	Seguro Integral de Salud
SISFOH	Sistema de Focalización de Hogares
UCF	Unidad Central de Focalización
ULE	Unidad local de empadronamiento

Presentación

El programa institucional del Instituto de Estudios Peruanos (IEP), Estado y Sociedad en el Perú de Ingreso Medio, invitó a sus investigadores a analizar en qué ha cambiado la estructura social, el Estado y las relaciones entre Estado y sociedad en los últimos años, más allá del crecimiento del PBI, la reducción de la pobreza, el incremento de la clase media y otros temas que tanto entusiasmo suscitan.

Sin pretender sustituir este entusiasmo por una visión pesimista, se pidió emprender estudios que explotaran nuevas fuentes, investigaran sobre el terreno y renovaran incluso los marcos de análisis, con el objetivo de actualizar la visión del país con una información y un análisis nuevos, preferentemente por fuera de los grandes focos de los medios de comunicación y las columnas de opinión.

¿Ha cambiado el país tras casi un cuarto de siglo de predominio de políticas orientadas a favorecer la iniciativa privada —particularmente las grandes inversiones— y a restringir el Estado a un rol fundamentalmente regulador? Y si la respuesta es afirmativa, ¿en qué sentido lo ha hecho?, ¿qué peso tienen los comportamientos inerciales en este proceso?, ¿en qué medida nuevos valores alimentan el futuro?

El libro que el lector tiene en sus manos es el producto de dos investigaciones del programa institucional. Los autores, todos jóvenes científicos sociales del IEP, ganaron los concursos de investigación del segundo ciclo del programa y, como todos los premiados anteriormente, participaron en un grupo de trabajo centrado en discutir los aportes teóricos nuevos —o poco valorados hasta ahora— que contribuyen a comprender las dinámicas de relación entre el Estado y la sociedad. Las dos investigaciones que forman parte de este volumen fueron pensadas, desde el momento en que se presentaron a concurso, como una sola, pero cada una con su propio enfoque. Por eso comparten el marco conceptual, las zonas de estudio y las conclusiones.

Pero se trata de dos exploraciones distintas. La primera nos aproxima a la presencia del Estado en los centros poblados rurales del país a través de sus funcionarios, encargados de resolver la tensión que existe entre las expectativas y realidades locales y las normas "técnicas" del gobierno central, en un marco de escasos recursos. El ámbito del Estado bajo análisis es uno cuyo discurso es extremadamente técnico y científico: el Sistema de Focalización de Hogares (SISFOH). El estudio sigue las rutinas cotidianas de los funcionarios locales a cargo de completar con información unos formularios que alimentarán a enormes bases de datos, de las cuales saldrá un solo algoritmo que emitirá una sentencia que puede aliviar la vida de muchos: "pobre" o "pobre extremo". Si el algoritmo arroja alguno de estos fallos, las personas accederán a determinados beneficios del Estado destinados a mitigar su situación de pobreza. Estos subsidios se canalizarán a través de los programas sociales.

Identificar a los más pobres a través del SISFOH debe permitir a los programas sociales elegir a sus beneficiarios de manera "científica" y no "política", evitando que el clientelismo o las políticas populistas intervengan en esta selección. La manera como actúan los funcionarios que median entre las personas y el algoritmo para medir la pobreza del SISFOH, es el objeto de esta aproximación etnográfica al Estado, crítica y a la vez desapasionada.

La segunda investigación analiza a los beneficiarios de programas sociales en las localidades donde se llevó a cabo el primer estudio. Toda la complejidad técnica de los formularios y del algoritmo es interpretada por esas personas como una "lotería" que algunas ganan y otras no, por muy semejante que sea su situación —pensando que el Estado puede tener un "telescopio" que detecta las diferencias que ellas no ven—, y no como un derecho o como el servicio que el Estado debe brindar para compensar las desigualdades extremas. La experiencia cotidiana de los beneficiarios (las demoras en el pago, las largas colas que deben hacer en el Banco, la falta de claridad en los padrones de beneficiarios o el no conocer los secretos de un cajero automático para poder cobrar el subsidio) habla más de la reproducción de un estado de subordinación que de un ejercicio de ciudadanía. En los términos de Foucault, recuperados por Drinot,[1] se trata de personas que por su situación de pobreza, ruralidad o etnicidad están sujetas al ejercicio de soberanía del Estado, y no de gubernamentalidad.

Las intervenciones sociales focalizadas son parte de las nuevas políticas públicas del Estado que se rediseñó en los años noventa, buscando incorporar en él criterios de eficiencia y de manejo de información para la toma de decisiones propios del ámbito empresarial. Cómo funcionan estas políticas y qué relaciones crean y reproducen son los temas de una nueva agenda de investigación que recupera el aporte de la etnografía para comprender al Estado

1. Paulo Drinot, "Foucault in the Land of the Incas: Sovereignty and Governmentality in Neoliberal Peru", en Drinot, P. (ed.), *Peru in Theory*, Nueva York: Palgrave Macmillan US, Studies of the Americas, 2014 [hay versión en español editada por el IEP en 2017].

y cómo él, a través de sus funcionarios, construye vínculos con la sociedad que constituyen el único Estado que realmente existe para ella: la burocracia de primera línea.

Como lo esperábamos al iniciar el programa institucional del IEP, se trata de un volumen que abre una discusión renovada —tanto en materia de teoría como de información— sobre el vínculo entre el Estado y la sociedad en el Perú actual.

María Isabel Remy S.
Coordinadora del programa institucional
Instituto de Estudios Peruanos

Capítulo I

Introducción

A inicios del año 2015, dos de los autores de este volumen nos encontrábamos recogiendo información cualitativa para un proyecto sobre las competencias interculturales del Estado peruano. El estudio incluía visitar una serie de agencias para realizar entrevistas con funcionarios y prestadores de distintos servicios estatales. Una de estas oficinas se ubicaba en un pequeño local de aproximadamente cien metros cuadrados, en cuyo interior funcionaban más de once dependencias del Estado. Cada una de ellas contaba con un pequeño escritorio, un mueble para papelería y, en algunos casos, una vieja computadora. Las dependencias se disponían una al lado de la otra y sin separaciones, lo cual generaba un ambiente turbado debido a la circulación constante de personas y el ruido de las conversaciones.

En este contexto tuvo lugar un suceso que llamó nuestra atención. Una mujer que parecía tener más de sesenta años y visiblemente de escasos recursos, comenzó a levantar la voz con mucha indignación. Sus reclamos se dirigían a un funcionario de la unidad local de empadronamiento (ULE), agencia del Sistema de Focalización de Hogares (SISFOH), la instancia que proporciona información a los programas sociales para que identifiquen a sus posibles beneficiarios. Los reclamos de la mujer apuntaban a que no había sido incluida en el padrón de beneficiarios de un programa, a pesar de haber iniciado los trámites tiempo atrás. El funcionario que la atendía le explicaba, algo resignado, que los resultados no dependían de él, que su función solo era enviar la información a Lima, donde finalmente se decidía quiénes calificaban para incorporarse como beneficiarios. En el momento más álgido de la discusión, la mujer exclamó: "Pero señor, ¡yo soy pobre extrema!, ¿qué no se da cuenta?".

Durante los días que estuvimos en el campo pudimos comprobar que este no era un incidente aislado. Por un lado, este local reproducía ejemplarmente las condiciones habituales de funcionamiento de buena parte de las agencias estatales de la localidad, en particular de aquellas ubicadas en el escalafón más bajo, muchas de las cuales gestionan la aplicación de las políticas públicas "en el terreno" y en vínculo directo con la ciudadanía. Por otro lado, reclamos como el que presenciamos son usuales en estas oficinas. Sin embargo, sucesos como estos también representan "el lado oscuro del Estado" que, según O'Donnell (2007: 120), es una parte fundadora de las relaciones de desigualdad política, especialmente en países con deficiencias estatales sistémicas y territoriales.

Consideramos que estas características merecen una mirada más profunda, especialmente por el peligro de caer en una interpretación estereotipada y superficial del Estado. Por ejemplo, una primera impresión de este tipo de situaciones, así como de otros hechos similares, podría devolvernos a una imagen del Estado bastante difundida: la de una entidad precaria, ineficaz e ineficiente. Por el lado de las investigaciones y diagnósticos que se han venido desarrollando en los últimos años al respecto, encontraríamos en este hecho un ejemplo más de su debilidad y de las carencias en sus capacidades. Por el lado de las relaciones entre el Estado y la sociedad, tendríamos aquí evidencia de la reproducción de viejas formas de subordinación y exclusión de sectores históricamente postergados. Sin embargo, en este libro sostenemos que es necesario ir más allá de estas narrativas, lo cual no equivale a negarlas.

Creemos que, aunque estos hechos resultan significativos para entender tanto el funcionamiento del Estado como su relación con la sociedad, su comprensión requiere de aproximaciones que sitúen el fenómeno en la trama de relaciones en la que está inmerso, así como de entender los sentidos y significados de quienes involucra. Ello nos lleva a recurrir a esquemas interpretativos que se apartan de los parámetros normativos sobre el funcionamiento del Estado, los cuales suelen derivar en aseveraciones alrededor de la distancia de nuestras instituciones públicas con lo que deberían ser, en lugar de reflexionar sobre lo que ellas son y representan.

Con esta idea en mente, comenzaron a cobrar forma los dos proyectos de investigación que presentamos en este libro. En la etapa preparatoria, los autores de este volumen formamos parte de un grupo de jóvenes investigadores del IEP dedicado a la discusión de lecturas sobre temas de política, particularmente interpretaciones sobre la formación y funcionamiento del Estado. En estas reuniones surgió el interés por el estudio de las dinámicas internas de este último y su relación con la ciudadanía. En este marco, se planteó la idea de enfocarnos en las relaciones que, principalmente desde el último lustro, ha venido desarrollando el Estado con los sectores más vulnerables de la población. Decidimos centrarnos en los programas sociales, uno de los ejes de las políticas de lucha contra la pobreza, y en el SISFOH, la instancia encargada de la focalización mediante la organización del padrón de beneficiarios.

Se conformaron, entonces, dos grupos que propusieron proyectos de investigación cuyo objeto de estudio eran problemáticas distintas, pero que pueden comprenderse como las dos caras del mismo fenómeno: por un lado, el Estado y su funcionamiento a escala local; por el otro, la manera en que este se relaciona con la sociedad y sus implicancias. En términos analíticos, los temas planteados por ambos proyectos nos llevaron a interesarnos en estudios centrados en lo que algunos autores denominan "políticas poblacionales" o "políticas de población" (Foucault 2006, Scott 1998, Gupta 2012). Estos trabajos nos proveen de herramientas conceptuales útiles para analizar la manera en que el Estado crea políticas específicas sobre ciertos grupos, así como la forma en que paradigmas de legibilidad, representaciones sobre la población y técnicas de gobierno demarcan separaciones, taxonomías y, en última instancia, distancias con la población.

Estos enfoques teóricos, así como sus estrategias metodológicas, suelen responder a análisis macrosociales, al estudio de grandes agregados de instituciones y de procesos históricos de mediana y larga duración que determinan cambios paradigmáticos en el funcionamiento del Estado. En lo que se refiere a nuestros objetos de estudio, el peligro de este enfoque radica en que puede movilizar teorías y conceptos que, por su grado de generalización, los mutilen u oscurezcan partes fundamentales de su desarrollo. En otras palabras, se corría el riesgo de sobreinterpretar el material con grandes teorías, perdiendo de vista el potencial que representa el conocimiento profundo de las peculiares y complejas relaciones que se desarrollan en el campo.

Por ello, ambos trabajos parten de marcos analíticos estrechamente ligados a la escala microsocial de la información recabada, así como a estrategias metodológicas consecuentes con este tipo de análisis. Ellas buscan profundizar en un ámbito que, por lo general, es puesto entre paréntesis en los estudios que se han realizado sobre el Estado peruano y su relación con la sociedad: el de las interacciones sociales. De esta manera, quien se aproxime a estos textos encontrará que los principales referentes teórico-metodológicos lo componen estudios sobre los "burócratas de bajo nivel" (Lipsky 1969) y sobre las interacciones entre esos funcionarios y los sectores más vulnerables de la población en las agencias de bienestar social (Auyero 2012), así como otros trabajos con una perspectiva etnográfica. En todas estas investigaciones prima una aproximación a los fenómenos *in situ*, con un aguzado interés por las prácticas, representaciones y experiencias de quienes transitan por esos espacios.

Plan y argumento del libro

Como anticipamos, los autores de este libro desarrollamos dos proyectos de investigación sobre dos objetos de estudio distintos —el Estado, sus dinámicas y lógicas burocráticas, por un lado; la relación del Estado con la sociedad y sus efectos, por el otro—, que ofrecen, no obstante, una visión complementaria más amplia sobre las políticas poblacionales desplegadas en los últimos años a raíz de la expansión de los programas de lucha contra la pobreza.

Este libro está estructurado de la siguiente manera. En el capítulo 2 ofrecemos un marco teórico general de ambas investigaciones. Pese a que cada una puede apuntar a su propia discusión teórica (resultado de la naturaleza de su objeto de estudio), no es menos cierto que ambos trabajos se abocan a la comprensión común de las interacciones locales. De este modo, nuestros marcos teóricos tienen vasos comunicantes, como la ya señalada aproximación a los "burócratas-de-nivel-de-la-calle" (Lipsky 1969), que entiende las prácticas locales menos como resultado del éxito o fracaso de los controles e incentivos de las administraciones centrales; y la perspectiva migdaliana del Estado-en-la-sociedad (Migdal et ál. 1994, Migdal 2004), en el que ambos lados, Estado y sociedad, no se entienden el uno sin el otro. En este mismo capítulo se presenta la metodología. Debido a nuestro interés por las interacciones cotidianas, en ambos trabajos se ha considerado priorizar el uso de herramientas metodológicas propias de observaciones *in situ* (Kapiszewski et ál. 2015).

En el capítulo 3 se realiza una introducción a nuestros casos de estudio. Ello no es menos importante. Si queríamos ofrecer un panorama completo de las interacciones en la política poblacional, resultaba indispensable no solo analizar de manera complementaria el Estado y la sociedad, sino realizar este análisis en las mismas localidades. Por esta razón, el trabajo de campo de ambas investigaciones se hizo en las provincias de San Miguel y San Pedro,[1] jurisdicciones que representan "casos ideales" de dos territorios particulares: el oriente amazónico y el sur andino.

El capítulo 4, escrito por Diego Cerna, Félix Puémape y Luis García, es el resultado final del proyecto de investigación sobre las dinámicas y lógicas locales del Estado. Sus autores se centraron en el análisis del SISFOH, atendiendo en especial la manera como este sistema funciona en el terreno por medio de las ULE. Por ello, no solo acompañaron a los funcionarios de estas Unidades, sino que trabajaron con ellos. Se partió de la idea de que el análisis de las normativas y de la documentación sobre procedimientos —el "Estado en el papel"— no puede sustituir el acercamiento a las prácticas cotidianas que se desarrollan en el campo. Varias preguntas animan el trabajo: ¿cómo opera el SISFOH, a pesar de las adversidades?; ¿cómo influye el entorno, dentro y fuera de las oficinas, en estos procesos?; ¿qué papel desempeñan los burócratas?; ¿cómo

1. Como parte de la estrategia metodológica, los nombres reales de las provincias estudiadas permanecen en el anonimato.

manejan esos funcionarios, en un contexto institucional y en un medio geográfico particularmente difíciles, los instrumentos de la focalización?

Para Cerna, Puémape y García, las acciones de los burócratas locales cobran sentido en la lógica de construir información "suficientemente real" como para que circule sin problemas por el sistema, para su procesamiento por la Unidad Central de Focalización (UCF). La validación de los datos recogidos por la ULE no es, sin embargo, automática. En un contexto social complejo, la realidad local "escapa" a los criterios de validez de los datos. Por ello, para tener éxito, los burócratas recurren a prácticas informales (incluido el uso de documentos como artefactos) con la finalidad de "adaptar" lo recolectado a los criterios de la UCF. Cabe señalar que en esta adaptación tiene un papel importante la misma UCF, necesario para el funcionamiento del sistema, incluso en contra de sus mismas reglas.

El capítulo 5 fue escrito por Lucila Rozas, Mauricio Rentería y Paolo Sosa Villagarcía. Producto de la segunda investigación, se centra en las relaciones Estado-sociedad. Este trabajo optó por no estudiar una agencia o institución estatal específica, sino más bien los espacios que vinculan a los servidores públicos con la población. De este modo, el "lugar antropológico" (Augé 2000) de la investigación estuvo conformado por un circuito de tres entidades: las ULE, que operan en las municipalidades distritales y provinciales; las oficinas de Juntos y Pensión 65; y las agencias del Banco de la Nación. Ya sea para obtener información, consultar el estado de sus trámites o realizar el cobro de los beneficios, todas las personas beneficiarias o que busquen serlo, transitan por estas entidades. En esta investigación el análisis descansa en las interacciones que establecen los servidores públicos con la población: ¿cuáles son las dinámicas microfundacionales de la construcción del Estado en el Perú?; ¿qué estrategias emplean las personas para acceder a los programas sociales?; ¿cuáles son los patrones en las respuestas de los funcionarios a este tipo de demanda?; y, finalmente, ¿cómo se perciben entre sí, funcionarios y beneficiarios?

Rozas, Rentería y Sosa presentan tres hallazgos principales acerca de las relaciones desatadas por el SISFOH y los nuevos programas sociales. En primer lugar, se ha renovado, tanto el carácter de los funcionarios locales y de la población (comunidades altoandinas y nativas) que históricamente ha reclamado políticas de inclusión, como la relación entre ambos. En cuanto a los primeros, se trata ahora de servidores públicos de sectores populares, muchos de los cuales provienen del ámbito rural; en lo que respecta a la población, son personas que, a diferencia de antes, mantienen relaciones más constantes con el Estado. No obstante, y este es un segundo hallazgo, estas nuevas relaciones están signadas por la incertidumbre. La focalización, los objetivos y el funcionamiento de los programas sociales son temas que escapan a la población, que no encuentra una explicación clara sobre la demora para afiliarse a esos programas, la suspensión del beneficio o la no incorporación en el Padrón General de Hogares, que administra el SISFOH. En este contexto, los reclamos –personales– no se dirigen directamente a los burócratas con los que se interactúa, sino al resto de la comunidad. La "lógica del beneficiario" plantea que cualquier tipo de falencia o dificultad se justifica porque la "ayuda" que se recibe no es un derecho.

El capítulo 6, finalmente, ofrece las conclusiones del libro, resaltando los aspectos más interesantes de cada capítulo y resumiendo el argumento principal. Para empezar, con ambas investigaciones pudimos advertir que los esfuerzos de los últimos gobiernos por aplicar políticas sociales de alivio a la pobreza han generado nuevas formas de relación entre el Estado y la población. Aunque estas relaciones distan de consolidar derechos ciudadanos, tampoco desembocan en un clientelismo, principalmente porque el trabajo de los funcionarios locales no responde a presiones políticas. Más bien, se trata de relaciones que producen usuarios pasivos, personas que se comportan como receptoras de dádivas —y no de derechos— en un clima de incertidumbre alimentado por la misma falta de certidumbre que existe en el aparato estatal. Los burócratas del SISFOH despliegan prácticas contingentes para recopilar la información poblacional, según el contexto local y organizacional. Estas prácticas, sin embargo, responden a un esfuerzo continuo por lograr que el sistema cumpla con su objetivo de suministrar información socioeconómica a los programas sociales para que estos identifiquen mejor a sus posibles usuarios.

Como advertirá el lector, estas afirmaciones son aún riesgosas: en realidad, los autores ofrecemos más preguntas que respuestas definitivas en este libro. Sin embargo, creemos que, considerando que se trata de un estudio exploratorio, podemos tomarnos ciertas licencias con la finalidad última de brindar nuevas pistas de investigación sobre las relaciones Estado-sociedad vistas desde lo cotidiano de la política social. Para acabar, en este libro apostamos por lo "micro" y por tomar en serio lo que Pressman y Wildavsky (1998) pregonaban: "apreciar lo difícil que es hacer que acontezca lo ordinario".

Capítulo 2

La burocracia de la calle: aproximaciones teóricas y metodológicas

A manera de marco teórico

El Estado-en-la-sociedad

Como señalamos en la introducción, las aproximaciones al Estado —desde aquellas que analizan su proceso histórico hasta las que se ocupan de la diferenciación entre sus diferentes agencias— se han solido concentrar en los niveles más generales de estructuración, en sus "macrofundaciones".[1] La mirada de este libro, por el contrario, se dirige a la escala de las relaciones individuales que enmarcan y configuran dichas dimensiones, en todos aquellos procesos que dan forma a las "microfundaciones" del Estado (agencias, relaciones con grupos sociales y prácticas cotidianas surgidas de esas interacciones). Esta aproximación reconoce las múltiples tensiones internas, así como la estrecha influencia que tiene el entorno social en el funcionamiento y construcción del Estado. De esta manera, nos lleva a comprender las relaciones Estado-sociedad, no como relaciones entre dos arenas o actores disímiles, sino como una configuración

1. Véase, por ejemplo, los clásicos Mann 2006, Skocpol 1985 y Evans et ál. 1985.

compleja, permeable y retroalimentada, en la que esas relaciones se incrustan, dándole forma.

Una parte fundamental de estas relaciones es su política poblacional, es decir todo el entramado de políticas y técnicas mediante el cual el Estado regula los procesos de la población. Aquí resalta la aparición de herramientas como la estadística, la cual permite identificar una serie de regularidades por medio de las cuales el Estado construye taxonomías, mapas, y, en última instancia, agrupaciones de individuos (Foucault 2006). Uno de los grupos que emergió de esta representación estadística, convirtiéndose en prioridad de los Estados modernos, ha sido el de los "pobres" (Gupta 2012). A ellos se dirige con especial interés el Estado, produciendo información que respalda las intervenciones que los organismos públicos realizan con el fin de incidir y transformar a ese segmento (Scott 1998, Gupta 2012). Si bien en este caso específico, estas intervenciones se orientan a la lucha contra la pobreza, sus consecuencias políticas y sociales son mucho más amplias.

De este modo, la propuesta de Migdal (2004) del Estado-en-la-sociedad cobra centralidad para explicar nuestro trabajo. Este enfoque propone analizar las microfundaciones del Estado para entender la implementación de políticas poblacionales, apuntando siempre a que el "Estado es parte de la sociedad". Migdal busca ir más allá de la concepción clásica del Estado, la de una entidad cerrada y con una única racionalidad, que busca disciplinar a la población. Sostiene que la puesta en marcha de tales políticas poblacionales depende, en buena medida, de prácticas como las interacciones de los funcionarios estatales con los grupos sociales a los que estas políticas se dirigen, que tienen efectos concretos, no solo en el funcionamiento de las políticas, sino en la imagen que se construye del propio Estado. Por ello, la propuesta analítica de este estudio apunta a entender al Estado de manera empírica, mediante la observación de aquellos espacios en los que los límites entre el Estado y la sociedad se difuminan.

Como indica O'Donnell (2007: 120), ninguna relación delinea de forma más clara la configuración Estado-sociedad que la manera como los sectores pobres y los funcionarios locales interactúan, especialmente para obtener servicios, beneficios o, en algunos casos, trabajo. Este nivel de cercanía hace que dichos funcionarios se encuentren en una posición muy particular, en una suerte de "zona de fuego cruzado" en la que deben responder a los mandatos oficiales, y a la vez, atender los intereses de la población a la que se dirige la política social, la presión de las élites locales y, finalmente, sus propios intereses (Grindle 1980: 197, citado en Migdal 2004: 107). Los ciudadanos experimentan al Estado a través de estas burocracias, cuyas acciones cotidianas definen aspectos importantes de las políticas y servicios que se brindan a la población (Lipsky 2010, Portillo y Rudes 2014, Pepinsky et ál. 2017).

La burocracia de la calle

Las discusiones coloquiales sobre el funcionamiento del Estado parten, por lo general, de las experiencias personales con sus distintas dependencias y servicios. La forma como el funcionario interactúa con el "usuario" es un punto de referencia cardinal para la imagen que el último se hace del aparato estatal. Más allá de los diseños formales de políticas y de los planes de comunicación de los diferentes sectores, la experiencia y concepción del Estado dependen en gran medida de esta interacción a escala micro. Así lo reconoció, en 1980, Michael Lipsky (2010), al estudiar a la burocracia de la calle o *street-level bureaucracy*,[2] definiéndola como aquella que se hace cargo

2. Algunos trabajos también han traducido esta categoría como "burocracia del nivel de la calle", "burocracia callejera", "burocracia de nivel inferior" o "burocracia de primera línea".

de los servicios públicos con los que los ciudadanos interactúan directa y cotidianamente. Para delimitar aún más el objeto de estudio, Lipsky restringe esta categoría a ciertos tipos de empleo público en los que estas interacciones cotidianas están marcadas por la discrecionalidad, y en los que el "ideal" de la política suele no poder cumplirse por distintas limitaciones.

Desde la perspectiva de Lipsky, este ámbito de administración y provisión de servicios (aunque también de sanciones) es fundamental para el análisis político y social del Estado en dos sentidos. Por un lado, las limitaciones y la discrecionalidad que caracterizan el trabajo de estos funcionarios los convierte en hacedores de políticas (*policy-makers*) informales. Es decir, que más allá de lo que se determina en las más altas esferas políticas o tecnocráticas, la forma como realmente se aplica la política es, para los ciudadanos, la política pública real. Por otro lado, siguiendo esta misma lógica, la acción sostenida de estos funcionarios es la que le da forma a las iniciativas estatales y, con ello, al mismo Estado, en el imaginario del ciudadano, que en sus relaciones habituales es tratado como un "sujeto burocrático". De esta manera, la imagen del Estado se construye de forma progresiva, en cada uno de estos encuentros, y se refuerza conforme aparecen patrones de conducta que ordenan la labor de los burócratas y que el "usuario" descifra en una suerte de "aprendizaje" del aparato público.

Todo esto forma parte del marco de limitaciones que señalábamos al principio, representadas generalmente por altos niveles de rotación, restricciones presupuestales, cadenas de corrupción o dificultades logísticas, que explican en gran medida la brecha de implementación de las políticas. Frente a ello, la discrecionalidad a la que alude Lipsky no es absoluta, puesto que se encuentra limitada tanto por el marco institucional como por la necesidad de cumplir con las metas establecidas, en tanto se trata de un sector asalariado.

Para sortear esta situación, los funcionarios de la calle establecen parámetros que les permiten "sobrevivir" a esta incertidumbre, y toman decisiones relativamente coherentes, que generan rutinas y dispositivos informales, muchas veces inventados por ellos. Todo esto se convierte, finalmente, en la forma real como se llevan a cabo las políticas públicas. De esta manera, frente a condiciones adversas, la burocracia de la calle asume que hace lo mejor que puede, dentro de los límites que impone el "sistema". Esto, como veremos, entraña una tensión importante, puesto que revela su papel como bisagra en las relaciones Estado-sociedad, oscureciendo la ya tenue distinción entre ambos espacios idealmente separados.

Así, desde una perspectiva centrada en estas relaciones, Lipsky nos muestra cómo debe entenderse el conflicto político que las envuelve, mirando más allá del rango superior (ministerios, sindicatos, grupos de interés, etc.), para detenerse también en la compleja dinámica que se teje entre estos burócratas de la calle y los ciudadanos, especialmente en el trato que reciben los ciudadanos de la burocracia (inmediato/empatía/control). Este trato, señala el autor, es complejo, además, porque a diferencia de otros niveles, encuadra la provisión de servicios o el control social en un plano inmediato que implica un espacio importante para la demanda por empatía. Esto representa un dilema concreto, puesto que mientras que el trabajo de estos funcionarios está estructurado para lograr objetivos que han sido estipulados en un proceso político (o técnico) que comprende una "regla general", los ciudadanos van a demandar constantemente improvisaciones frente a los casos individuales o "excepciones".

Como hemos señalado, esta complejidad podría llevar a un estado de parálisis absoluta; no obstante, lo común es que los funcionarios inventen o hereden modos de procesamiento masivo y eficiente para lidiar con estas dificultades, aun haciendo uso de reglas no escritas. En la peor de las circunstancias, sin embargo, es posible que estos cedan ante la rutina por conveniencia o utilicen estereotipos sociales para "ordenar" su trabajo. En cualquiera de los casos, son los ciudadanos quienes, ante la ausencia de reglas escritas –especialmente en oficinas de alta rotación de personal o de reciente creación–, tienen que "descubrir" las nuevas reglas o adecuarse a ellas conforme van cambiando. Como señala Lipsky, quienes se acercan a estos espacios tienen que resolver la tensión entre el reclamo de sus derechos ciudadanos y la conformidad como sujetos burocráticos y "clientes". Así, los ciudadanos –en su papel de "clientes"– tienen que aprender a equilibrar su respuesta entre reclamar, acatar y "comprender". Esta situación se agrava cuando quienes se acercan a estas oficinas son "clientes forzados", como en el caso de los programas sociales o en la fuerte segmentación social entre servicios públicos y privados debido a los ingresos. En esos contextos, los ciudadanos más pobres tienden a verse "atrapados" en una red de burócratas con intereses, orientaciones y percepciones que pueden ser contradictorios y que se vuelven, en palabras del autor, "parte del problema" de ser pobre (Lipsky 2010: 6). En suma, los ciudadanos –especialmente los más pobres– experimentan al gobierno y el Estado a partir de sus interacciones con este rango de la burocracia y, a través de ellas, se moldean sus expectativas e identidades en el sistema político.

Relacionado con esto, una dimensión fundamental en estos procesos son los "artefactos" que los funcionarios utilizan diariamente para cumplir sus tareas. Esto nos lleva a resaltar que los burócratas no solo se encuentran inmersos en una red de relaciones con otros individuos (tecnócratas, ciudadanos, otros funcionarios), sino que, en realidad, son parte de una red sociotecnológica (Law 2009) que incluye también objetos no-humanos (como *softwares*, planillones, memorándos, etc.), cuyo uso establece, a su vez, una serie de procedimientos estandarizados. Estos "artefactos" son importantes para el burócrata, pues le permiten, no solo llevar a cabo su trabajo, sino (más importante aún) generar información sobre la población que, de acuerdo con las expectativas de sus supervisores, debe ser lo más "cercana a la realidad".

Sin embargo, esta información es utilizada frente a diversos grupos sociales y con distintos fines, lo cual genera significados particulares (Freeman y Maybin 2011, Hull 2012). Así, un "artefacto" como una ficha de empadronamiento, que recaba la situación socioeconómica de los potenciales beneficiarios de programas sociales, no solo contiene información compleja de distintas fuentes en un solo registro material (el papel), sino que, además, puede ser interpretado de diferentes maneras, tanto por la población como por los mismos burócratas locales (Hetherington 2011). Por ejemplo, para los usuarios de los programas sociales, esta información determina su situación de "beneficiarios" frente al Estado; en cambio, para los funcionarios, determina su pertenencia al grupo poblacional de pobres o pobres extremos, cuya condición tiene que ser erradicada de forma que puedan cumplirse los objetivos estipulados por las políticas de ayuda social.

La lógica del beneficiario

Hemos señalado cómo la inherente discrecionalidad de los burócratas locales afecta y contextualiza la puesta en marcha de la política poblacional y los programas de lucha contra la pobreza. Su actuación tiene un efecto directo en los grupos que conforman su objetivo. Sin embargo, sería errado pensar que este efecto es unidireccional. Hay que recordar que la "zona de fuego cruzado" en la que se hallan estos funcionarios hace que sean más propensos a adecuar sus prácticas a las demandas y estrategias planteadas por los propios sectores de la sociedad que se muestran interesados. Asimismo, esta situación provoca que encuentren sus propias maneras de hacer frente a estas estrategias, muchas veces con prácticas que pueden reproducir formas de subordinar a los grupos históricamente desfavorecidos, en particular, los pobres que viven en zonas rurales.

Este estudio incorpora algunas aproximaciones teóricas que, partiendo de la investigación empírica, establecen diferentes modos de relación entre el Estado y la sociedad. Ellas nos han ayudado a identificar cómo la imagen del Estado se construye, finalmente, sobre la base de experiencias y prácticas concretas.

Así, una primera mirada, extraída del trabajo de Javier Auyero (2012) sobre las experiencias de los pobres urbanos en las oficinas de los programas sociales en Buenos Aires, establece que existe un proceso bidireccional a través del cual los burócratas recurren a una serie de "lecciones políticas" para ordenar las conductas de los individuos, al mismo tiempo que estos últimos aceptan —mediante la continua exposición a estas interacciones— esas exigencias de sumisión, convirtiéndose así en "pacientes del Estado". Si bien esto no significa pasividad, ya que los clientes de programas sociales trazan diversas estrategias para "navegar" por las dificultades, tampoco deriva en un reclamo o siquiera en un cuestionamiento abierto de estas prácticas de los funcionarios o de las políticas en sí. Esto refleja una internalización de la lógica del "paciente" o, en este caso, del "beneficiario", en contraposición con una lógica de ciudadanía efectiva.

Un ejemplo concreto se puede observar en las experiencias de los beneficiarios de Juntos con agencias estatales, especialmente con aquellas con las que deben relacionarse a raíz de su afiliación al programa. La mayoría de las personas que brindaron su testimonio indican estar disconformes tanto con la larga espera para ser atendidas, como con el trato recibido en estas instancias. Sin embargo, ninguna criticaba directamente a los funcionarios que incurrían en esos malos tratos, o a las instituciones en sí, y ninguna había formulado una queja formal, porque el dinero que reciben del Estado rara vez es considerado un derecho. Predomina, entonces, la lógica del "beneficiario", la conformidad, reforzada por el constante contacto que tienen esas personas con profesores, empleados de Banco o trabajadores de la salud que argumentan que se les está dando dinero "gratis": por tanto, deben resignarse a ser las últimas en ser atendidas, a esperar en condiciones inadecuadas, a pagar por documentos que son gratuitos. Todo esto sin reclamar.

Este hecho es significativo en tanto muestra efectos no advertidos, pero fundamentales, de la puesta en marcha de los programas sociales. Sin embargo, dado que este trabajo considera que el Estado no tiene una racionalidad inherente que determina *a priori* cómo ejerce el poder sobre la población, se descarta que la subordinación de un grupo sea producto de un componente ideológico. Se piensa, más bien, que tiene que ver con la "fractura social" que prevalece en el país. Así, el Estado, mediante las prácticas de sus funcionarios, refleja a la sociedad y se deja permear por ella.

Un segundo modo de relación entre el Estado y la sociedad se da a través de la organización colectiva de los grupos subordinados, con la intención de desarrollar estrategias destinadas a transformar la forma en que son gobernados (Chatterjee 2007: 190). En esta circunstancia, la relación entre el Estado y los distintos grupos que conforman la sociedad no es unidireccional, es decir, el Estado no simplemente vuelca una serie de acciones sobre los últimos con la intención de gobernarlos y disciplinarlos, sino que los grupos responden como "sociedad política", a través de acciones que se traducen en negociaciones con el aparato estatal sobre la forma en que se los gobierna.

Aquí vale la pena remarcar la importancia del contexto y detenerse en las microfundaciones que conforman el Estado, pues es ahí donde surgen pistas del potencial transformador del Estado y de su imagen. En los casos que componen este estudio, los de San Miguel y San Pedro, a pesar de compartir muchas características, estas localidades difieren en su capacidad de alentar la formación de "sociedades políticas". En San Miguel, una tradición organizativa ha influido en que las mujeres cuyas familias son usuarias de Juntos sean capaces de constituir juntas de beneficiarias, que les han permitido sortear la falta de información que caracteriza a los programas sociales. Si bien estas organizaciones no funcionan aún como "sociedades políticas" —no cuentan con capacidad para negociar con el Estado—, poseen un gran potencial transformador, al que es necesario prestar atención. Se puede decir que el solo hecho de que existan repercute en la manera como los funcionarios locales aplican las políticas sociales. En San Pedro, en cambio, no existe nada parecido.

El Estado y los programas sociales en el Perú

La propuesta teórica anterior no pretende, por cierto, descubrir la pólvora. Las interacciones a escala "micro" entre los funcionarios y las poblaciones menos favorecidas han constituido un objeto de estudio tradicional en las ciencias sociales peruanas. La literatura es amplia: desde el clásico trabajo de Portocarrero y Oliart (1989) sobre la "idea crítica" del Estado formada en las escuelas públicas, hasta el de De Soto et ál. (1986) sobre las trabas estatales para la formalización, los encuentros y desencuentros cotidianos entre los burócratas de la calle y las poblaciones a las que atienden han servido de canales para interpretar la relación entre el Estado y la sociedad peruana.

No obstante, en lo que respecta en particular a las políticas poblacionales, nuestro interés es averiguar la forma como los programas de lucha contra la pobreza han trastocado —o no— los vínculos entre el Estado y la sociedad en los espacios locales, a partir de la relación de los beneficiarios con los nuevos burócratas que encarnan a estos programas y, a la sazón, al Estado mismo.[3] Se trata de una tarea compleja, puesto que a simple vista podría decirse que, dados los cambios ocurridos en la sociedad y el Estado luego de las reformas neoliberales, los vínculos entre el Estado y la sociedad son cada vez más débiles, cuando no inexistentes (Cuenca 2016). Sin embargo, es un trabajo necesario puesto que, contrariamente a lo que se cree, en estos espacios locales, las tenues relaciones que por décadas había mantenido la población con el Estado se han transformado, y han surgido nuevas dinámicas, más sistemáticas y cotidianas. Todo esto en el marco de la aplicación de instrumentos de focalización y el descarte de la perspectiva universalista en la política social (Brodersohn 1999, Cuenca 2016, Filgueira 2016, Raczynski 1995, Remy 2016, Vásquez 2010).

En lo que sigue se tratará de brindar un panorama general de estas nuevas (y viejas) dinámicas a partir de investigaciones que, directa o indirectamente, se ocupan de los burócratas, los beneficiarios y sus interacciones. En esa línea, el marco teórico nos será útil. Luego de contextualizar históricamente estas relaciones (antecedentes), pasaremos a resaltar lo escrito sobre las condiciones laborales de los burócratas de los programas de lucha contra la pobreza; la política de "fuego cruzado" entre funcionarios, beneficiarios y élites locales; y la lógica del beneficiario y su concepto del Estado. Finalmente, ofreceremos un balance.

---

3. No es nuestro propósito ofrecer un panorama completo de los programas sociales ni discutir sus impactos. Para un balance general, véase Monge y Grey 2016; para un balance de los programas alimentarios, Alcázar 2007, 2016; para el programa Juntos, Sánchez y Rodríguez 2016.

Antecedentes: del "triángulo sin base" a la nueva política social

En el Perú, la literatura sobre las relaciones Estado-sociedad se inicia abocada al "mundo rural", que hasta la primera mitad del siglo pasado representaba a la mayoría de la población nacional. En ese espacio encontramos un panorama radicalmente diferente al esperado en una sociedad estatalizada: fragmentación social, dispersión del poder y un control territorial en manos de un sector local (Cotler 1978, Soifer 2015). La ausencia de un aparato estatal configuraba relaciones directas de dominación sobre la población indígena, las cuales llevaron a formular el famoso "triángulo sin base", metáfora que propuso Cotler (1969a y 1969b) para indicar que las relaciones sociales emanaban de forma radial en función del hacendado, mediante estrategias de corte clientelista sostenidas por dinámicas de compadrazgo.

Esta suerte de archipiélago social fue alterado a mediados del siglo XX debido a tres grandes cambios sociales, económicos y políticos: la migración masiva y creciente urbanización del país; la toma de tierras y la reforma agraria; y la universalización del voto, antes elusivo a la población analfabeta. Esta situación configuró el llamado "desborde popular" que remeció las bases de la estructura social y, con ello, planteó nuevos retos al Estado (Matos Mar 1987). Por un lado, la desigualdad y la pobreza se tornaron fenómenos cada vez más cercanos a las grandes ciudades —incluida la capital—, motivando respuestas de los gobiernos de turno frente a esta población, con miras a obtener réditos electorales. En efecto, la migración trajo consigo un mayor acceso a la educación y, con ello, al alfabetismo, situación que reconfiguró el panorama electoral y el interés del gobierno y los partidos políticos en este electorado (López 1997).

Rápidamente, los gobiernos centraron su política poblacional en relaciones de clientelismo con este grupo poblacional a partir de distintos tipos de dádivas, entre ellas, el reconocimiento legal de las invasiones y la provisión de servicios (Collier 1978, Dietz 1986 y 2000). Este proceso se ahondó con las transformaciones ocurridas durante el gobierno militar, especialmente debido a la amplitud territorial de la reforma agraria de 1969. Asimismo, las fuerzas políticas empezaron a interesarse en estos espacios, en particular luego de la universalización del voto. De este modo, las ciencias sociales también "urbanizaron" su mirada y ensayaron respuestas para comprender la forma como se desarrollarían las nuevas relaciones entre estos sectores sociales y el Estado.

Las lecturas más comprehensivas trazaban trayectorias e interpretaciones muy distintas sobre este fenómeno. Por un lado, este era observado –con diferencias importantes– como la incubadora de una suerte de oleada de reivindicación popular compatible con un proyecto de transformación progresista y democrático, capaz de redefinir el rumbo del país hacia la modernidad (Matos Mar 1987; Franco 1991; Degregori, Blondet y Lynch 2014; Golte y Adams 1987). Otra interpretación sostenía que lo más importante era el desarrollo empresarial de la informalidad frente a los abusos y fallas del Estado (De Soto et ál. 1986, Adams y Valdivia 1991). Finalmente, una lectura más bien pesimista señalaba un fenómeno que podía ser catalogado como "anómico" o, en todo caso, menos homogéneo y coherente que lo inicialmente considerado (Neira 1987, Parodi 1986).

Más allá de las diferencias, los relatos coinciden en describir una conflictiva (o al menos tensa) relación entre los sujetos que forman parte de este fenómeno y el Estado, en sus distintas dependencias y funciones. Adicionalmente, en la práctica dichas tensiones fueron resolviéndose mediante mecanismos de corte particularista y, consecuentemente, menos colectivistas que lo que la literatura esperaba. Esta situación fue vista, inicialmente, como una patología propia de la desestructuración social producto de las múltiples crisis que había atravesado el país, y de la instauración de un "régimen neoliberal" que trascendía la arena propiamente económica. Más allá de sus orígenes, quedaba en evidencia una relación más individual, con acciones colectivas esporádicas y mediante grupos de interés muy particulares (Tanaka 1999).

Así las cosas, en los últimos años el país ha atravesado tiempos de bonanza económica que significaron cambios importantes en distintas esferas, incluidas las relaciones que nos competen en este trabajo. Pero a pesar de los avances en la reducción de la pobreza y la desigualdad, los problemas persisten, y en algunos casos se han ahondado (Jaramillo y Saavedra 2011, De los Ríos 2011, Mendoza 2015), haciéndose cada vez más materia de discusión, especialmente en foros internacionales, y, por lo tanto, menos propensos a ser ignorados por la agenda política (Cotler 2011, López e Incio 2015). Esta situación devolvió la mirada de las ciencias sociales —o parte de ellas— hacia lo rural, con especial énfasis en los pueblos indígenas, cuya posición en la dinámica de la desigualdad es ciertamente más desfavorable (Robles 2009, Paredes y Thorp 2011).

Dicho retorno puso énfasis en las transformaciones que había sufrido el mundo rural debido a las mutaciones ya señaladas, subrayando los cambios que habían experimentado los actores sociales y la introducción de otros nuevos, incluyendo al Estado a partir de los procesos de municipalización y descentralización desarrollados en las últimas décadas. Entre los actores sociales resalta la fragmentación de las protestas sociales que ya hemos mencionado (Arce 2015, Meléndez 2012), así como la aparición de nuevos actores vinculados a las actividades ilegales (Durand 2007). El Estado, por otro lado, estaba más presente en el territorio, pero aún con serias deficiencias, especialmente por el arrinconamiento en espacios de extracción, donde las empresas que se habían introducido gracias a la política de inversión inaugurada en los años noventa suplían muchas de las funciones estatales (Perla 2010).

Los nuevos trabajos desarrollados en estos espacios llaman la atención sobre la desarticulación de las demandas, aun cuando estas pueden generar grandes áreas de conflictividad social. De esta manera, asistimos a la transformación de los actores, pero al mantenimiento —con cambios parciales— de las dinámicas de relación observadas durante las décadas anteriores a las reformas estructurales. A tono con lo antes indicado, nuevos discursos y reivindicaciones se hicieron más evidentes, especialmente relacionados con dinámicas territoriales, etnicidad, desigualdad y desarrollo (Salas 2008, Bebbington et ál. 2011, Asensio 2013). La dinámica electoral (principalmente) llamó la atención sobre la necesidad de remediar estos males seculares (Vergara 2007, Tanaka y Vera 2010).

Fue en este contexto en que los gobiernos iniciaron la introducción y reforma de diferentes programas sociales, situación que llegó a su punto más álgido con la creación de un sistema integral de inclusión social y del Ministerio de Desarrollo e Inclusión Social (MIDIS) (Trivelli y Vargas 2015). De esta manera, coexistiendo con las intervenciones permanentes del Estado (como la atención primaria de salud o la educación básica), se puso en marcha "programas complementarios dedicados a atender a la población vulnerable" (De Belaúnde 2014: 297, MIDIS 2014). Estos programas —siendo el principal Juntos— desplegaron por el territorio burocracias que comenzaron a interactuar con los nuevos beneficiarios.

La burocracia de los programas de lucha contra la pobreza

En esa línea, una primera forma de aproximarnos a los cambios y continuidades en la relación Estado-sociedad es atender las condiciones en las cuales el funcionario local —el vaso capilar de la burocracia– trabaja con el propósito de "llegar al beneficiario". Distintos estudios han hecho referencia a las condiciones de la burocracia de los programas sociales, marcadas no solo por el contexto institucional sino por los recursos disponibles para su labor cotidiana. Con distinto grado, los hallazgos parecen construir todavía la imagen de un Estado ineficaz y deficiente, donde los sectores en pobreza extrema en zonas rurales padecen la irregular presencia del aparato estatal, reproduciendo, de esta forma, exclusiones de etapas anteriores.

En cuanto al contexto institucional, estos trabajos enfatizan los problemas heredados de la política social fujimorista, sobre todo al aplicar los criterios de focalización (Monge y Grey 2016: 8, Valenzuela 2013). Desde la década pasada, los programas sociales –se evidenciaba y denunciaba– no lograban ofrecer servicios de calidad a las poblaciones en pobreza, que resultaban "invisibles" de cara al Estado (Cotlear 2006; Vásquez 2007, 2012). Las evaluaciones cuestionaban la falta de mecanismos de gestión por resultados o de monitoreo sobre las tareas de los proveedores, la confusión de roles entre los funcionarios, entre otros problemas que incidían en las filtraciones y pérdida de recursos, tanto en los programas sociales alimentarios (Alcázar 2007: 215-217, Chacaltana 2001: 71-73, Cotlear 2006: 15, Vásquez 2008, Vásquez y Franco 2008: 100) como en nuevos programas, siendo el caso más estudiado el de Juntos (PCM 2010: 23-24, Díaz et ál. 2009: 99).

La creación del MIDIS conllevó a cambios importantes en el diseño del monitoreo y la supervisión (Correa 2013, Monge y Grey 2016, Trivelli y Vargas 2015, Valenzuela 2013). En líneas generales, se ha logrado ciertas mejoras en la rendición de cuentas. En cuanto a los programas alimentarios, el Vaso de Leche ha pasado a ser vigilado por la Contraloría General de la República y los trabajadores municipales son obligados a enviar periódicamente el padrón de beneficiarios (Alcázar 2016). En los programas Juntos y Pensión 65, se establecieron mecanismos de rendición de la labor del gestor; no obstante, se ha optado por estrategias de supervisión más flexibles, con itinerarios y metas negociados con los supervisores, basados en la comunicación constante antes que en un cronograma fijado; de esta forma, más que medir su desempeño, el monitoreo recoge información sobre los gestores locales (Silva 2017). Para ello resulta de importancia los instrumentos tecnológicos puestos a su disposición (sean estos GPS o aplicativos informáticos) (Silva 2017: 17). Cabe señalar que, pese a estos cambios, aún se detectan problemas, como la indefinición de los roles de los gestores en Beca 18 (Román 2016: 80).

Estas mejoras en el diseño de la gestión chocan, sin embargo, con las reglas que rigen el trabajo de los funcionarios. Sobre esto, la literatura no ha brindado muchas respuestas. Sobre los gestores de Juntos, "ninguno de los estudios analizados ha enfocado evaluar sus tasas de rotación, su grado de satisfacción con el trabajo y sus necesidades de capacitación y apoyo técnico" (PCM 2010: 23-24). Estudios posteriores han advertido que la capacitación es muy heterogénea, lo cual incide en la interacción posterior con el ciudadano (Román 2016: 80). La capacitación en derechos humanos, interculturalidad y atención financiera parece también hacer una diferencia en el trabajo de los gestores de Juntos y Pensión 65 (Silva 2017). Sabemos, por otro lado, que las reglas laborales son problemáticas, especialmente en el ámbito de los gobiernos locales y regionales. Se ha hecho hincapié en los bajos sueldos y las limitaciones presupuestales, en la alta volatilidad del personal (Palomino et ál. 2013) y, de cara a la opinión pública, en una representación negativa de su trabajo (Cerna 2016).[4] Recientemente, se ha señalado la rotación

4. Los problemas se agudizan para los burócratas encargados de proveer los servicios de salud y educación que forman parte de las corresponsabilidades del

del personal como un problema para los programas sociales: en el caso de Beca 18, esto incide no solo en la pérdida de documentación, sino en la rotura del lazo entre el gestor y el becario (Román 2016: 80).

Los recursos con que disponen los burócratas también han sido tomados en cuenta en las evaluaciones. El diagnóstico sigue la misma tendencia: el nivel y la calidad de los recursos logísticos y humanos son limitados. Algunas investigaciones han recogido quejas sobre el barrido censal practicado por funcionarios del Instituto Nacional de Estadística e Informática (INEI) para la focalización de Juntos: los burócratas obviaron recoger información de determinados hogares, aunque menos por razones políticas que por motivos de accesibilidad geográfica y conocimiento de la zona (PCM 2010: 18, Correa y Roopnaraine 2013: 36, Díaz et ál. 2009: 24). Lo mismo se ha dicho sobre los trabajadores municipales de la unidad local de empadronamiento del SISFOH —responsables ahora del recojo de información demográfica— quienes, con el fin de ahorrar tiempo y dinero, evitan visitar algunos hogares o, en el mejor de los casos, se limitan a tomar fotografías (Román 2016: 103).

Se ha observado que los gestores locales de Juntos también afrontan condiciones difíciles en cuanto a transporte (por la irregularidad, la distancia y el costo) y comunicación (por la cobertura parcial de señal móvil, principalmente en la selva) (Correa y Roopnaraine 2013: 36). El desplazamiento en las zonas rurales es por río o a pie, lo que implica muchas horas de viaje, tanto para llegar a las comunidades como para volver a la sede principal y enviar los informes (Correa y Roopnaraine 2013: 39). El reducido número de

---

programa (Correa y Roopnaraine 2012, Díaz et ál. 2009, Huber et ál. 2009). Estas carencias no son solo características de los programas sociales sino de toda la burocracia peruana (GRADE 2010, Iacovello 2015, SERVIR 2017).

personal incide en el trabajo de los burócratas, dado que, ante las restricciones geográficas, aumenta su carga laboral al mismo tiempo que disminuye los tiempos de visita (Correa y Roopnaraine 2013: 36, Díaz et ál. 2009). Durante el inicio del programa, las visitas eran muy esporádicas; la densidad de gestores (promotores, por entonces) por hogares era bajísima (Huber et ál. 2009: 69-70). Con las reformas impulsadas por el MIDIS se disminuyó la carga laboral de los gestores a 400 hogares (Trivelli y Vargas 2015: 66). En otros programas, no obstante, las dificultades continúan: se ha constatado que en algunas zonas los gestores de Pensión 65 no pueden realizar visitas más de una vez al año (Silva 2017). El desafío no es únicamente demográfico: en Beca 18, los tutores, responsables de monitorear a los becarios, no se dan abasto debido al incremento del número de estudiantes en el programa (Román 2016: 79).

Las dinámicas contenciosas entre operadores y beneficiarios

A la luz de estos hallazgos, podríamos inferir que la carencia de una burocracia profesional abriría un gran espacio para someter a la población a la discrecionalidad de políticos y operadores locales. Precisamente, en la literatura sobre los programas sociales, uno de los mayores temores ha sido las modificaciones de los objetivos de los programas (como la focalización de los recursos) que podrían suceder en la interacción entre los rangos más bajos de la organización estatal y los beneficiarios. Sin embargo, en la etapa posfujimorista, esta interacción no necesariamente se manifiesta a la manera de cooptación clientelista sobre los beneficiarios.[5] Estas alianzas devienen, antes que en el uso clientelista de la entrega de

---

5. Sobre el "clientelismo de campaña" y la particularidad del caso peruano, véase Muñoz 2014, 2016.

beneficios, en compromisos con dirigentes de los beneficiarios para movilizarlos en mítines u otras actividades proselitistas. Se trata de "redes de intercambio" (Urrutia 2016) entre autoridades locales y *brókers*, en las que las rutinas de los burócratas sirven para reforzar estas alianzas. Recordemos que el retorno a la democracia y la descentralización alteraron los vínculos políticos en la política social establecida durante el fujimorato, de corte centralista y clientelista (Tanaka 2001: 73-77, Vásquez 2010: 287-288). Nos encontramos en un nuevo contexto social y político de fragmentación y desplome de la intermediación política a escala local (Meléndez 2012, Zavaleta 2014). Los funcionarios locales establecieron sus actividades en un nuevo "orden de relaciones" más bien contencioso (Grompone y Tanaka 2009, Remy 2010), con acusaciones de ineficiencia y corrupción de uno u otro bando (Tanaka y Trivelli 2002: 18, López-Cálix et ál. 2009).

Este nuevo orden parecería definir, entonces, la relación entre el Estado y la población, y ha sido problematizado por investigaciones sobre programas sociales participativos, como el Fondo de Cooperación para el Desarrollo Social (FONCODES), el Programa Nacional de Asistencia Alimentaria (PRONAA) o el Vaso de Leche (Arias 2015, Alcázar 2016, García 2014, López-Cálix et ál. 2009, Tanaka 2001, Tanaka y Trivelli 2002, Vásquez 2006). Se llamó la atención sobre la presencia de "grupos de interés" en aquellos sectores que pretendían beneficiarse de dichos programas sin ser parte de la población beneficiaria, o en las "burocracias ejecutoras" que buscaban mantener sus prerrogativas frente a las iniciativas reformistas (Vásquez 2006, 2008). Estas lógicas se acentuaron debido al cariz participativo de estos programas. Tanaka (2001) menciona cómo en territorios rurales los funcionarios de primera línea, algunos con agendas particularistas, ejercen marcado influjo sobre la eficiencia de la "participación" de diversos grupos sociales. Por otra parte, y esto en áreas más urbanas, el funcionario local negocia con los representantes de las organizaciones de beneficiarios, quienes simbolizan, en la práctica, a intermediarios o *brokers* con intereses particularistas (Tanaka 2001: 53-70, García 2014, Arias 2015).[6]

Con todo, el poder de estos "grupos de interés" parece haber disminuido en favor del Estado. Por ejemplo, se arrebató a las organizaciones de beneficiarios su potestad de construir el padrón de beneficiarios, y ahora es responsabilidad del SISFOH abastecer de información socioeconómica a los programas sociales para que ellos identifiquen a sus posibles usuarios (García 2014: 66). Ello sucedió en la medida en que los programas sociales de alivio a la pobreza con enfoque participativo fueron descartados por la nueva política social del Estado, arrinconados por el despliegue de programas sociales como Juntos, con mejores criterios de selección, y donde el diseño centralizado y técnico previene las interferencias políticas (Alcázar 2016, Correa 2013). En efecto, los cambios institucionales han impedido un uso clientelista y "politizado" de los recursos de los nuevos programas. En un informe recopilatorio, la Presidencia del Consejo de Ministros (PCM 2010: 22) menciona que en los estudios revisados sobre Juntos no se encuentra evidencia de favoritismo o clientelismo. En líneas generales, este programa ha logrado administrar mejor la focalización, en tanto su sistema de pago ha restringido la desviación de recursos (Correa 2013, Zárate et ál. 2012: 27). Por otro lado, se ha reducido el papel del político local: los alcaldes son ahora figuras frágiles con escasa incidencia y roles poco definidos en el programa (Díaz et ál. 2009, Zárate et ál. 2012: 73); influyen solo de manera indirecta, "haciéndoles creer" a

---

6. Estudios similares sobre la interacción entre organizaciones de base del Vaso de Leche y funcionarios municipales (aunque en un contexto de preajuste) figuran en Blondet 1991.

los beneficiarios que ellos son los responsables de su implementación (Díaz et ál. 2009), o tratando de presionar durante la etapa de validación comunal, con resultados diversos (PCM 2010: 22, Correa y Roopnaraine 2013: 37).

Las prácticas discrecionales

Ello no quiere decir, en absoluto, que la discrecionalidad se haya suprimido. Ella nos lleva a atender la interacción directa entre los burócratas y la población. A diferencia de un enfoque puramente institucional y que se limita a resaltar las carencias formales y las dinámicas informales, ciertos trabajos se han esforzado por revelar las prácticas tanto de los burócratas como de los beneficiarios. Estas prácticas, veremos a continuación, pueden todavía reproducir una subordinación por parte de los beneficiarios a las decisiones discrecionales del funcionario, aunque no de una forma politizada y directa.

Para empezar, se ha demostrado que los gestores de Juntos poseen un margen de discrecionalidad sobre las corresponsabilidades que deben cumplir los usuarios. Si bien se ha observado que en ocasiones estas se negocian, "perdonando" faltas que podrían derivar en una suspensión del usuario (Correa y Roopnaraine 2013: 44), la mayoría de investigaciones ha advertido que los gestores exigen más corresponsabilidades que las que pide el programa: se obliga, por ejemplo, a participar en actos cívicos o a realizar tareas "productivas" en beneficio del funcionario (PCM 2010: 23, Correa y Roopnaraine 2013, Díaz et ál. 2009, Huber et ál. 2009, Streuli 2010, citado en Escobal y Benites 2012). Por lo general, los funcionarios de Juntos, las autoridades e incluso los comités locales creen saber qué les conviene a los usuarios, y añaden corresponsabilidades con un trato vertical (Correa y Roopnaraine 2013: 74, Streuli 2010). En medio de estas exigencias, hay un maltrato por parte de los funcionarios, desde gritos y no brindar información, hasta ingresos a las viviendas sin consentimiento de las familias cuando se superviva el cumplimento de las corresponsabilidades (Correa y Roopnaraine 2013: 39-45). Tras estas acciones se esconde muchas veces una actitud paternalista con el usuario. Entre los promotores y gestores de Juntos persiste la idea de que la población rural es por naturaleza irresponsable, que "no trabaja" y que, por lo tanto, necesita de multas y castigos para cumplir con sus responsabilidades (Correa y Roopnaraine 2013: 74, Díaz et ál. 2009: 98).

Pese a este manejo discrecional, ninguno de los estudios sobre Juntos ha detectado prácticas de microcorrupción en este programa, a diferencia de lo ocurrido con otros, como Beca 18, donde se han recogido testimonios sobre la necesidad de ejercer prácticas corruptas para acelerar los trámites. En Juntos, la discrecionalidad del funcionario se revela más bien en la medida en que las diligencias (como la obtención del certificado del SISFOH) son engorrosas (Román 2016: 103).

A pesar de esto, la discrecionalidad parece tener también un lado "positivo". Vistas desde la perspectiva de las "trampas a la capacidad" (Pritchett et ál. 2010), las rutinas discrecionales de los burócratas parecen ser una manera de sortear el estrés que producen reglas y diseños cuyas exigencias van más allá de sus condiciones laborales.[7] En Juntos, la principal dificultad de los burócratas es coordinar las corresponsabilidades con las instituciones que participan en ellas, más aún cuando los sectores de educación y salud siguen rutinas disímiles en lo que respecta al manejo de la información poblacional (Correa y Roopnaraine 2013: 45). Frente a esta clase de

7. Carranza (2015) utiliza este concepto para estudiar el comportamiento de los monitores de Qali Warma.

problemas, el gestor local trata de adecuarse a las demás instituciones para lograr su objetivo, sin usurpar sus funciones. Por ejemplo, intermedia a veces frente a instancias superiores, como la unidad de gestión educativa local (UGEL), con el fin de acelerar los trámites que se necesitan para poder implementar el programa, como la autorización administrativa para el funcionamiento del Programa no escolarizado de Educación Inicial (PRONEI) en la localidad (Silva 2017: 18). Los gestores no solo intervienen ante otros burócratas e instancias: asumen incluso roles de intérprete frente al personal de salud encargado de atender a las familias beneficiarias (Silva 2017: 16). Según muchas investigaciones, estas muestras de empatía ocurren cuando se conoce mejor las tradiciones, cosmovisiones e idioma de las localidades, o cuando algunos de sus miembros son quienes trabajan para el Estado (Correa y Roopnaraine 2013, Díaz et ál. 2009, Huber et ál. 2009, Silva 2017).[8]

Es interesante recalcar que la población no desempeña siempre un simple rol pasivo frente a las rutinas de focalización (discrecionales o no) puestas en marcha por los burócratas. Se ha observado prácticas de "prestarse niños", incorporar a miembros de la familia extensa (como abuelos o abuelas) o censarse constantemente, para incrementar las posibilidades de ser afiliados a Juntos (Correa y Roopnaraine 2013: 27, Escobal y Benites 2012). Como veremos más adelante, en estas prácticas influye no solo la intención de obtener los beneficios de un programa, sino el modo como los usuarios conciben el funcionamiento del programa. En el caso de Beca 18, los llamados "soportes externos" (o capital social) del postulante tienen un papel importante durante la etapa de focalización (Román 2016). Los padres, por ejemplo, se "comen el pleito" con los funcionarios

8. Para una conclusión similar en la atención de salud, véase Chávez, Yon y Cárdenas 2015.

para obtener el certificado SISFOH, lo que por lo general es un trámite tedioso (Román 2016: 92). Pero los burócratas también sirven de puente para facilitar las diligencias. Román recoge testimonios de funcionarios de la calle que aceleran el proceso brindando información clave a los postulantes: datos sobre parientes que trabajan en la municipalidad (para conocer de primera mano el estado de su trámite SISFOH), o sobre docentes de la comunidad, conocidos de sus padres, que otorgan incluso apoyo económico (2016: 92). En ese sentido, estas prácticas —incluidas las corruptas— se añaden a las rutinas discrecionales de los burócratas.

Los efectos sobre la relación con el Estado

Este tipo de prácticas termina configurando una forma de entender al Estado en el marco de la ejecución de los programas sociales. De forma análoga a la literatura sobre la educación básica o la atención primaria de salud, un conjunto de investigaciones propone hipótesis acerca de los efectos "macro" de las prácticas cotidianas entre el ciudadano y los burócratas de primera línea. Estos trabajos se han interesado no solo en la miríada de rutinas discrecionales ejecutadas en los programas, sino en sus repercusiones sobre las dinámicas sociopolíticas de las poblaciones, y en los sentidos y percepciones que estas últimas tejen en torno a la relación con el Estado.[9] Estos efectos tampoco se entienden fuera del marco del uso de instrumentos de focalización. Sabemos que el empleo de estos instrumentos

9. Sobre las relaciones Estado-sociedad que se configuran desde el aula, hay una rica y extensa literatura cuyas conclusiones —como veremos a lo largo de este libro— tienen varios puntos en común con nuestra propuesta. Para una excelente síntesis, véase Eguren y De Belaúnde 2012. Sobre las percepciones sobre el Estado a partir de la atención primaria de salud, véase entre otros, Chávez, Yon y Cárdenas 2015; Ewig 2012 y Reyes 2007.

permite a los agentes del Estado clasificar a la población y determinar de manera eficiente qué individuos, hogares o localidades son aptos para ser afiliados a determinado programa social. Como se señalaba líneas arriba, la instalación y mejoramiento de un adecuado sistema de selección de beneficiarios han permitido controlar en cierta medida la asignación discrecional de los recursos y el posible uso político del programa.

Este salto cualitativo, empero, no ha sido evaluado de la misma manera por la población a la que se dirige las intervenciones. Las herramientas de focalización manejadas por los funcionarios chocan con las percepciones culturales de pobreza en las localidades, las cuales se expresan en la imagen generalizada de que "acá todos somos pobres": una definición subjetiva de pobreza basada en la carencia de servicios públicos, de conectividad, pero también en cuestiones como la identidad (indígenas o campesinos) o la falta de apoyo de redes familiares (PCM 2010: 19, Correa y Roopnaraine 2013: 22).

Por ello, los primeros barridos censales generaron una percepción de arbitrariedad en la selección de las familias beneficiarias de Juntos. La aplicación "fallida" del barrido censal del INEI contribuyó a esa sensación; los patrones poco claros de selección incrementaron las quejas sobre errores de los empadronadores (Escobal y Benites 2012). En ese mismo proceso de empadronamiento, la escasa preparación de los funcionarios para explicar a los ciudadanos por qué no se los incorporaba al programa se transformó en juicios sobre las rutinas de selección (Correa y Roopnaraine 2013: 20-21, Huber et ál. 2009). Huber y otros señalan que los pobladores asumían haber sido descartados por no haber cumplido un favor a la autoridad local (Huber et ál. 2009). Estos "mitos" son alimentados por el recelo hacia los funcionarios de Juntos, una desconfianza propia de poblaciones históricamente excluidas por el Estado (Huber et ál. 2009). El gestor es frecuentemente culpabilizado, sea por la exclusión del padrón o por la suspensión del programa (Correa y Roopnaraine 2013). Además de la percepción de arbitrariedad, las interacciones cotidianas entre los burócratas y usuarios revelan cómo estos últimos se perciben como "sujetos de favores" antes que como "sujetos de derechos" (Correa y Roopnaraine 2013, Díaz et ál. 2009: 98). Los usuarios de Juntos manejan un sistema moral que resignifica el programa. En este sistema, se considera a los beneficios como "dádivas" y a las condicionantes como "obligaciones"; se han registrado pocos casos en los que los usuarios se sienten parte del Estado en un marco de derechos y deberes (Huber et ál. 2009, Correa y Roopnaraine 2013: 25-26). Ello se extiende a programas como Beca 18, donde un becario se asume literalmente como "independiente" de sus familias, pero "dependiente del Estado" (Román 2016: 81).

En cuanto a los efectos sobre la dinámica social, en Juntos, la aplicación de los instrumentos de focalización terminó afectando el tejido social de las comunidades —más aún cuando no se habían contemplado mecanismos de reevaluación de las familias excluidas (Díaz et ál. 2009: 98). Durante el proceso de "validación comunal", afloraron conflictos locales entre beneficiarios y no beneficiarios, fuentes de diferenciación, acusaciones y recelos que luego han afectado las actividades comunitarias (Díaz et ál. 2009, Correa y Roopnaraine 2013). La espera produce angustias en las madres, quienes temen haber "hecho algo malo" y perjudicar a su familia (Correa y Roopnaraine 2013). La mortificación se extiende a las familias que reciben el subsidio y que no saben en qué momento se las apartará del programa (Streuli 2010: 204). Hay una sensación entre los usuarios de que "Juntos los observa": harían lo que les pidiera (Escobal y Benites 2012: 6). El proceso de focalización ha aumentado la incertidumbre. Las idas y venidas en los trámites para el programa

Beca 18 terminan agotando a las familias (Román 2016: 110). En esta situación, las prácticas de corrupción para acelerar las diligencias se convierten en el primer entrenamiento de los becarios en su relación con el Estado (Cotler et ál. 2015).

* * *

Podemos condensar lo dicho hasta aquí de la siguiente manera. Para comenzar, los burócratas de la calle atraviesan serias deficiencias en su entorno laboral: este resulta precario y a la vez fuertemente condicionante de sus actividades. Es cierto que los cambios institucionales propuestos desde la implementación del MIDIS han sido efectivos, por lo que el uso discrecional y "politizado" de los recursos se ha restringido. No obstante, y en segundo lugar, ciertos trabajos han advertido que la discrecionalidad no ha desaparecido y que persiste en la interacción cotidiana entre el burócrata y el ciudadano. En ella interviene muchas veces una mirada paternalista hacia el usuario, pero también estrategias, tanto por parte del burócrata como del ciudadano, para acoplarse y poner en marcha de mejor manera los programas. Finalmente, otras investigaciones han observado el efecto que han tenido estas rutinas sobre las dinámicas locales y las percepciones de la población sobre su relación con el Estado. Pese a que el ingreso de estos funcionarios a las localidades, su trabajo y, en general, el avance de los programas sociales han representado una presencia más sostenida del Estado, no se han eliminado las relaciones de poder que existen en la mediación burócrata-ciudadano. Se percibe una actuación arbitraria, excluyente para los pobladores no seleccionados y de intrusión para los usuarios. Así, estos últimos pasan a ser dependientes del Estado: la interacción produce la idea de que el programa otorga una propina, más que un derecho.

El presente trabajo sigue en muchos sentidos los hallazgos anteriores sobre las condiciones de la burocracia y las prácticas discrecionales que configuran la relación entre el Estado y la sociedad en los programas sociales. No obstante, se ha pretendido ir más allá y profundizar en la forma como funciona el Estado a través de sus burócratas, y qué tipo de imagen proyecta sobre los ciudadanos que acceden a esos programas en estos contextos particulares. Así, las reflexiones de este libro giran en torno a las lógicas que despliegan los funcionarios para plasmar las directrices centrales en contextos adversos; de qué modo las estrategias que se escogen terminan de dar forma a la política que se implementa; y cómo la discrecionalidad, en condiciones desfavorables, termina constituyendo espacios de incertidumbre para los "beneficiarios" quienes deben hacer legible el entramado burocrático y normativo al que se enfrentan, simplificando e interiorizando las prácticas y rutinas que conforman su imaginario sobre el Estado.

Enfoque metodológico

Antes de pasar al análisis de las interacciones entre burócratas y ciudadanos, debemos detenernos a explicar el enfoque metodológico con el cual –pensamos– podemos comprender mejor nuestros objetos de estudio.

Dadas las problemáticas y objetivos señalados, ambas investigaciones fueron diseñadas bajo un enfoque de análisis exploratorio cualitativo con énfasis en el trabajo de campo como fuente principal para el acopio de información (Kapiszewski et ál. 2015: 151-153). Esta entrada, eminentemente inductiva, nos proporciona una vía heurística tanto para el registro de lo observado en el campo, como para su interpretación. Mientras que lo primero nos dirige al registro y descripción de "lo observado fenoménicamente"

(Geertz 1992), lo segundo lo hace a las representaciones de los participantes. Adicionalmente, es importante resaltarlo, ambos trabajos se han nutrido de una lógica interdisciplinaria con énfasis en la ciencia política, la sociología y los estudios de ciencia y tecnología.

Este enfoque analítico demanda prestar una atención especial a los casos ("efectos"), y no a las variables que explican dicho fenómeno ("causas"), aunque esto suponga la posibilidad de encontrar algunas condiciones que posibiliten o dificulten determinados resultados (Mahoney y Goertz 2006: 41-49). Por ello, más que un interés en la representatividad de los casos analizados, ambas investigaciones proponen mirar a cada caso estudiado (sus relaciones y estrategias) como una unidad compleja en sí misma (Ragin 2000: 22). La aspiración de este enfoque es comprender y describir de manera exhaustiva el fenómeno estudiado, de tal manera que nos permita entender la complejidad de dichas unidades, sus relaciones y los procesos desarrollados por ellas (Della Porta 2013: 211).

Para cumplir con este objetivo de "construir información desde el campo", la investigación mezcla herramientas metodológicas propias de las estrategias intensivas *in situ*, que incluyen técnicas como la observación participante, con el desarrollo de entrevistas y la recolección de historias orales (Kapiszewski et ál. 2015). Estas estrategias han sido escogidas puesto que la aproximación que impulsa al trabajo busca reconstruir y ponderar las microfundaciones de los fenómenos analizados. Es decir, observar la construcción y funcionamiento del Estado desde los rangos más bajos, así como reconstruir las relaciones que dicho aparato —y en particular sus funcionarios— tejen con la sociedad, y los efectos que estas dinámicas tienen.

De esta manera, el análisis y la interpretación se centran en las interacciones que se desarrollan en las agencias estatales entre los servidores públicos y los ciudadanos. Este enfoque responde en gran medida al análisis de las interacciones cotidianas de los individuos en situaciones de copresencia. Aquí el principal referente metodológico lo encontramos en el interaccionismo simbólico. Como sostiene Herbert Blumer (1982), este enfoque se basa principalmente en tres premisas:

> La primera es que el ser humano orienta sus actos hacia las cosas en función de lo que estas significan para él. [...] La segunda es que el significado de las cosas se deriva de, o surge como consecuencia de la interacción social que cada cual mantiene con su entorno. [...] La tercera es que los significados se manipulan y modifican mediante un proceso interpretativo desarrollado por la persona al enfrentarse con las cosas que va hallando a su paso. (Blumer 1982: 2)

Uno de los más importantes referentes de esta corriente es la sociología dramatúrgica de Erving Goffman (2012). En ella, la metáfora del teatro le proporciona una vía heurística para analizar las interacciones que se producen en entornos determinados, separados sobre la base de barreras a la percepción (visual y auditiva). En esencia, Goffman sostiene que las interacciones pueden ser comprendidas como *performances* (actuaciones) que los actores realizan ante un auditorio. En su modelo, lo fundamental se juega no en la comunicación verbal, sino —y aquí la metáfora teatral es fundamental— en las formas de comunicación no verbal. Es decir, el foco está sobre las dotaciones expresivas tanto de los actores puestos en escena (por ejemplo, sus comportamientos y vestimenta), como del contexto en que la interacción tiene lugar (mobiliario, decorado, equipos, etc.).

Tal vez la principal virtud del modelo teatral de la acción de Goffman es su aplicabilidad al estudio de cualquier actuación, lo cual se evidencia en la variedad de situaciones y contextos, que incluyen, desde las interacciones más formales e institucionalizadas (rituales y ceremonias), hasta las más informales y efímeras. Ello se debe en buena medida a que, por un lado, su enfoque es lo suficientemente riguroso y sistemático para captar los patrones generales y comparables de acción seguidos por los individuos en sus actuaciones, y por otro, es lo suficientemente flexible y abierto para incorporar sucesos y prácticas no anticipados por el investigador. Como podrá apreciarse en los capítulos que componen este volumen, estas características marcan significativamente las diferencias tanto en el enfoque como en la reflexión sobre los fenómenos explorados.

En el capítulo sobre el SISFOH, esta aproximación nos permite explorar las formas como los burócratas dan significado a las prácticas cotidianas e institucionales, así como las diferentes maneras en que se relacionan entre sí y con otras personas. Al mismo tiempo, permite una comprensión sustancial de las acciones de los burócratas en los diferentes contextos en los que se inscriben, tanto en el ámbito organizacional —municipalidades provinciales—, como en el territorial —el oriente amazónico y el sur andino. Finalmente, proveyó de elementos que permitieron cuestionar algunas nociones preconcebidas del funcionamiento de la burocracia.

En el capítulo sobre las relaciones Estado-sociedad, esta aproximación contribuye a recapitular de forma importante las estrategias desplegadas por los actores sociales en su relación con el Estado, así como a desentrañar los efectos que dichas relaciones tienen en la construcción de su identidad política y social. Por un lado, las posibilidades de análisis se abren a confrontar actores sociales más heterogéneos que lo que los sentidos comunes anteriormente detallados construyen sobre los beneficiarios de los programas sociales. Estas diferencias sustantivas marcan, de alguna manera, dinámicas y herramientas también heterogéneas con el Estado, las cuales nos ayudan a comprender, además, el desarrollo a pequeña escala de nociones importantes, como la legitimidad y la impenetrabilidad del aparato estatal.

De esta forma, la orientación de este trabajo también desempeña un rol importante al darle una centralidad a la voz de los actores que, además, son comúnmente representados de forma negativa (Law 2003). Por un lado, los funcionarios de rango bajo suelen ser estigmatizados como "ineficientes" e "incapaces" de lograr las metas propuestas justamente por quienes se encuentran en el centro del poder estatal. Un discurso que además se hace más palpable en la discusión sobre los funcionarios de los ámbitos más locales (Cerna 2016). Por otro lado, la población rural en condición de pobreza ha sido considerada por algunos sectores como un símbolo del letargo en el desarrollo nacional, como una "vividora" a expensas de las dádivas estatales, incapaz de trascender dicha lógica, especialmente en el caso de los beneficiarios de los programas sociales.

Herramientas y recojo de información

Para la investigación sobre el SISFOH, se diseñaron cinco guías de entrevistas, cada una de ellas dirigidas específicamente a funcionarios de la UCF; exifuncionarios del MIDIS; coordinadores territoriales; responsables de las ULE y empadronadores. Se realizaron asimismo siete entrevistas semiestructuradas (a dos exfuncionarios y a dos jefes de ULE). Ante la falta de tiempo para hacer más entrevistas, se aplicó también un pequeño cuestionario a jefes de ULE de seis distritos para averiguar las condiciones en las que trabajan.

Se hizo además una guía de observación, que trató de reunir lo que más sobresalía de las rutinas de los funcionarios, tanto en la oficina de la ULE como en el trabajo de campo. A partir de esta guía cumplimos una estancia de 20 días en la oficina de la ULE de San Pedro en el mes de febrero de 2016, como parte de la observación participante a las rutinas de los funcionarios. Durante esta breve experiencia, pudimos hablar constantemente con los burócratas y entender la lógica del SISFOH a escala local. Aprovechamos asimismo este periodo para acompañar dos días al jefe de la ULE distrital de Coronel Domínguez en un empadronamiento. Finalmente, un mes después, presenciamos otro empadronamiento en las zonas rurales de San Pedro. Para el estudio de las dinámicas de la burocracia en San Miguel, se efectuó un viaje más corto en el que el equipo realizó entrevistas y observaciones sistemáticas.

Para indagar sobre las relaciones que entablan los beneficiarios y posibles beneficiarios con los funcionarios, la principal herramienta de recolección de datos fue la observación no participante. Se desarrollaron guías de observación para espacios y situaciones diferentes, según las distintas etapas que cubren estas relaciones. Una primera guía incluyó la observación en las oficinas de las ULE, para ver las interacciones entre beneficiarios- posibles beneficiarios y funcionarios del SISFOH. Una segunda guía de observación fue diseñada para cubrir el proceso de identificación del estatus de beneficiario tras la publicación de las listas, las cuales se colocan en espacios públicos. Una tercera guía de observación comprendió el operativo de pago y los trámites relacionados con él, especialmente la modalidad de cobro en la agencia del Banco de la Nación (ventanilla o cajero automático). Finalmente, una cuarta guía de observación sirvió para aproximarnos a otras entidades y servicios del Estado relacionados directamente con el programa Juntos (centros de salud y educativos).

Los datos recopilados por medio de estas guías fueron utilizados para reconstruir tanto las rutinas como el tipo de relaciones que se tejen en estos espacios. Adicionalmente, en el caso de San Miguel se desarrolló una única observación de una asamblea general de la junta de beneficiarias del programa Juntos. Además de los datos recopilados en esta experiencia, se realizaron entrevistas no estructuradas con beneficiarias miembros de la junta. Ello nos permitió efectuar posteriores entrevistas a profundidad con algunas beneficiarias, así como acompañamientos no participativos a estas mismas personas en sus visitas a los servicios antes señalados, y a beneficiarios potenciales en los procesos de solicitud de incorporación. En el caso de San Pedro, se hicieron visitas similares a las comunidades nativas para reconstruir los procesos en zonas alejadas de las oficinas centrales. En ellas también se pudieron realizar entrevistas no estructuradas con beneficiarios.

Por otro lado, se diseñaron tres guías de entrevista semiestructurada: una para funcionarios de la ULE, otra para funcionarios de los programas sociales y una última para gestores. Igualmente, se realizaron entrevistas semiestructuradas con funcionarios de otras entidades del Estado relacionadas directa o indirectamente con los beneficiarios y potenciales beneficiarios: autoridades locales, empleados municipales y otros trabajadores. Por último, se hicieron algunas entrevistas no contempladas en el diseño original, especialmente con miembros y directivos de la junta de beneficiarias.

Capítulo 3

Los actores y su contexto

En el siguiente capítulo se situará al lector en los diferentes contextos con los que los actores relacionados con los programas sociales, sean burócratas, beneficiarios o posibles beneficiarios, tienen que lidiar. Para ello, en principio se ensayará un acercamiento al marco institucional común bajo el cual se desenvuelven: los programas focalizados de lucha contra la pobreza Juntos y Pensión 65, y el SISFOH. Posteriormente, se analiza la situación de las dos provincias donde se llevó a cabo el estudio, particularmente las condiciones bajo las cuales trabajan los burócratas de sus ULE.

El marco institucional

En la última década, a la luz de una tendencia de la región a aumentar la inversión social, el Estado peruano ha implementado una significativa cantidad de programas sociales nuevos. Dos de los más importantes son Juntos y Pensión 65, que dependen del MIDIS.

El Programa Nacional de Apoyo Directo a los Pobres "Juntos" es un programa de transferencia monetaria condicionada, creado en abril de 2005 como parte de la política social y de lucha contra la pobreza en el Perú del Gobierno peruano. Juntos forma parte de una serie de intervenciones similares realizadas en Brasil, Chile, México, Honduras y Argentina. Como programa de transferencia monetaria condicionada, ofrece un incentivo de 200 soles (aproximadamente 60 dólares) con una frecuencia bimensual, a las familias incluidas en el Padrón General de Hogares, y que cuenten entre sus miembros con menores de 19 años (o que todavía no hayan culminado la educación secundaria) y a mujeres en estado de gestación. Este incentivo, generalmente cobrado por las madres de familia, se recibe siempre que se cumplan con los compromisos estipulados en el programa: enviar a los hijos al colegio, llevarlos a sus controles de salud, y en el caso de las mujeres embarazadas, acudir a sus controles prenatales. Aparte de sus labores principales, los operadores de Juntos coordinan con el Banco de la Nación y con los ministerios de Educación (MINEDU) y Salud (MINSA) para organizar la atención de los hogares en condición de pobreza.

Por otra parte, el Programa Nacional de Asistencia Solidaria "Pensión 65", también de transferencia monetaria, aunque no condicionada, fue creado en octubre de 2011 en el marco de la nueva política social impulsada por el recién creado MIDIS. Su objetivo es otorgar protección a adultos mayores de 65 años que carecen de las condiciones básicas para su subsistencia a través de la entrega, de manera bimensual, de 250 soles (casi 74 dólares). Para cumplir esta función, Pensión 65 coordina con el Registro Nacional de Identificación y Estado Civil (RENIEC), el Banco de la Nación, además de otras instituciones. Asimismo, otra función de Pensión 65 es el desarrollo de actividades de atención, cuidado y revalorización de la imagen social de los adultos mayores ("Saberes Productivos"); para ello coordina con el MINSA, el Seguro Integral de Salud (SIS) y los gobiernos regionales y locales.

El acceso a estos programas sociales está mediado por la obtención de la clasificación socioeconómica de pobre o pobre extremo, a cargo del SISFOH, un sistema que se creó en el año 2004, durante el gobierno de Alejandro Toledo. Al igual que otros sistemas de identificación de beneficiarios en la región, su objetivo es determinar las condiciones socioeconómicas de un hogar.[1] La clasificación de los potenciales beneficiarios se obtiene mediante operaciones de acopio de información poblacional, la validación y procesamiento de la misma, y la aplicación final de un algoritmo de pobreza (Vásquez 2010: 282, Remy 2016: 490). Parte importante de su trabajo se desarrolla a partir de la modalidad de empadronamiento por demanda. La información socioeconómica se registra en Padrón General de Hogares y permite a los programas sociales seleccionar a sus usuarios. Cabe señalar que en el caso del SISFOH, la necesidad no se deduce de los ingresos sino "de la disponibilidad de bienes y servicios del hogar" (Remy 2016: 490).

Durante el periodo en el que se hicieron ambas investigaciones, el SISFOH operaba mediante dos instancias. Por un lado, la Unidad Central de Focalización (UCF), con sede en Lima y bajo responsabilidad del MIDIS, se encargaba de procesar la información, cruzarla con variables y —a través del algoritmo— determinar la clasificación socioeconómica del hogar. Por otro, las ULE, asignadas a las municipalidades distritales y provinciales, recogían los datos de la población local mediante cuestionarios, que luego eran digitalizados y enviados a la UCF. Los burócratas de las ULE eran responsables no solo de las operaciones de acopio de información, sino de que

1. Ejemplos de otros sistemas de identificación de beneficiarios son los de Pilquen (Argentina); CadÚnico (Brasil); SIPO (Colombia); Casen (Chile) y SIS (México) (Vásquez y Franco 2008: 91).

esta última fuera válida.[2] Cabe señalar que su labor se regía por la directiva 012-2015, expedida por el MIDIS en diciembre de 2015.[3]

Tanto los programas sociales como el SISFOH tienen presencia a escala local a través de promotores y coordinadores territoriales. En el caso de Juntos y Pensión 65, los promotores se encargan de recibir y depositar las listas de pago con los nombres de los beneficiarios en las municipalidades. Asimismo, brindan información a los usuarios ante cualquier duda sobre el proceso de pago. En el caso del SISFOH, los coordinadores territoriales se ocupan de brindar capacitación permanente a los burócratas de las ULE sobre su trabajo, así como de monitorearlo. Por las condiciones geográficas de cada región, esta labor se hace tanto presencialmente como, sobre todo, a través de correos electrónicos y teléfono. Los promotores y coordinadores dependen institucionalmente y en materia de presupuesto del MIDIS, a diferencia de los burócratas de las ULE, que están sujetos a esta misma entidad, pero cuyo presupuesto es asignado por los gobiernos locales.

Las provincias en observación

Esta tarea de investigación exploratoria y cualitativa demanda un trabajo sistemático y exhaustivo sobre la base de pocos casos compartidos en ambas aproximaciones. Es importante señalar que, debido a criterios estrictamente metodológicos, los casos seleccionados serán tratados de tal forma que su identidad se mantenga

---

2. Desde el año 2017, las funciones de la UCF pasaron a la Dirección General de Focalización (DGFO) y a la Dirección de Operaciones de Focalización (DOF), ambas adscritas al MIDIS.

3. Para una infografía sobre el proceso de clasificación socioeconómica, véase anexo 1.

anónima, situación que requiere además modificar los nombres de los lugares y personas involucrados.

Dichos casos han sido seleccionados tomando en cuenta criterios básicos que, aun sin arrogarse representatividad nacional, responden a características territoriales y demográficas que reflejan las condiciones que enmarcan, en general, tanto las experiencias del aparato estatal como de la población objetivo de las políticas sociales. De este modo, los casos escogidos no son extremos sino promedio, desde el punto de vista de la población que demanda ser incorporada a los programas de lucha contra la pobreza, situación que posibilita proponer algunas diferencias evidentes en las condiciones externas al problema central que deben resolver estos programas sociales.

Uno de los criterios fundamentales es la similitud en la demanda de incorporación a programas sociales, entendida no como la cantidad neta de población en pobreza o extrema pobreza, sino como magnitudes parecidas. De esta manera, se tomó en cuenta la experiencia del sur andino y el oriente amazónico, considerando que estas regiones registran los mayores índices de pobreza monetaria, según la Encuesta Nacional de Hogares (ENAHO) del año 2014.[4]

De acuerdo con el mapa de pobreza provincial y distrital del 2009, las dos regiones seleccionadas tienen índices de pobreza extrema monetaria parecidos. En este contexto, se escogió una provincia en cada caso, tomando en cuenta la similitud en estos índices, los mismos que, a pesar de ser elevados, no se encuentran entre los más altos de sus respectivas regiones. Así, tenemos que el índice

4. La sierra y la selva presentan, según la ENAHO, índices de pobreza monetaria de 9,2% y 6,1%, respectivamente, muy por encima de la costa (0,9%).

de pobreza extrema monetaria en ambas provincias está entre 30 y 35%.[5]

Establecida esta similitud, es necesario también resaltar algunas diferencias fundamentales en tres características consideradas como "externas" a la dinámica propia de los programas sociales, pero que constituyen el contexto donde operan los funcionarios encargados de la focalización de hogares, así como donde se desarrollan las estrategias de la población que accede o busca acceder a dichos programas.

Una primera diferencia que destaca se observa en los indicadores relacionados con la presencia estatal a través de las municipalidades provinciales. Si reparamos en el índice de densidad del Estado (IDE) desarrollado por el Programa de las Naciones Unidas para el Desarrollo (PNUD), observamos que la provincia amazónica se encuentra en el quintil medio bajo, mientras que la provincia surandina, en el quintil medio. Esta situación no solo refleja la condición de ambas provincias, sino sus diferentes trayectorias en lo que respecta a la penetración de Estado desde una perspectiva histórica: en el sur andino, desde la época colonial; en la Amazonía, en cambio, una colonización tardía.

El segundo factor es el grado de dispersión territorial de la población. En el primer caso, ambos espacios divergen en cuestiones geográficas y de asentamiento poblacional, lo que implica diferencias importantes tanto en la organización de las agencias estatales como en las posibilidades de acceso a la población objetivo de la política. Según el INEI, la densidad poblacional en la provincia sureña es de más de diez habitantes por kilómetro cuadrado, mientras

5. La selección de provincias se basó en el mapa de pobreza provincial y distrital del 2009 debido a que era la última fuente disponible sobre pobreza extrema a escala provincial al momento de elaborar el diseño de investigación.

que en la provincia amazónica es de menos de tres. Es decir, la dispersión implica un reto mayor, tanto para los funcionarios municipales encargados de la focalización, como para las gestiones de los beneficiarios y de la población que busca acceder a los programas sociales. Este reto, como veremos, no necesariamente se traduce en la imposibilidad de realizar dichos trámites, por el despliegue de diferentes estrategias, tanto individuales como colectivas.

El tercer factor que diferencia a ambos casos es el grado de comunicación de la capital provincial con la capital regional o con alguna otra ciudad de mayor importancia. En la provincia del sur andino, la comunicación mediante una vía asfaltada con la capital y los demás centros poblados se remonta a tres décadas atrás. De otro lado, en el caso amazónico, también hay comunicación, con la importante diferencia de que es reciente: la única carretera que une a la capital de la provincia con una ciudad importante se terminó de asfaltar en el 2009. En lo que respecta al SISFOH, esto podría retratar el flujo diferenciado de recursos, dinero y profesionales para los puestos de trabajo hacia la capital provincial, marcando de manera distintiva el desarrollo de las capacidades de la agencia estatal. Por otro lado, desde la perspectiva de la población objetivo, esta característica podría marcar significativamente las oportunidades de acceso a dichas agencias y las dificultades al momento de cumplir con las responsabilidades adquiridas por los beneficiarios, así como las estrategias de relación con los operadores de los programas sociales.

La provincia de San Miguel

La provincia surandina de San Miguel se extiende por diferentes pisos ecológicos. Su territorio abarca desde el valle andino hasta la puna y los valles tropicales de la ceja de selva. En estos espacios se desarrollan diversas actividades económicas, siendo la agricultura y la ganadería de camélidos andinos las predominantes, mientras que el turismo lo es por el lado de los servicios. Por ese motivo, sus indicadores socioeconómicos tienen diferencias considerables.

La dispersión poblacional de la provincia es significativa. Su capital no es el único centro poblado importante en cuanto a su población. Junto con ella, encontramos otras localidades relevantes, tanto en el valle como en la zona altoandina y en la ceja de selva. Esto se debe a varios factores. Por un lado, los centros poblados del valle, de origen colonial, son parte de un importante circuito económico. Adicionalmente, la autopista que comunica a la capital de la provincia con otras capitales en el valle favoreció la formación de centros poblados a lo largo de ella, especialmente cuando la reforma agraria distribuyó las grandes propiedades entre los campesinos. Por otro lado, la existencia de unidades de producción agraria en la zona tropical alentó la migración y el establecimiento de centros poblados destinados al acopio y comercialización de esos productos.

Pese a ello, la comunicación interdistrital es bastante limitada debido al rezago en la construcción y acondicionamiento de carreteras. Las carreteras que reemplazaron a los caminos de herradura se iniciaron a mediados del siglo pasado, aunque en condiciones precarias y con condicionamientos geográficos y naturales que retrasaron su avance. Debido a la industria extractiva, recién en la última década las rutas de acceso a los distritos en los distintos pisos ecológicos han avanzado considerablemente hasta tener porciones importantes asfaltadas y habilitadas para la circulación en dos carriles. Dichos cambios han tenido un impacto significativo en el tránsito a lo largo del territorio y en la cobertura de los programas que nos interesan. No obstante, como se observará más adelante, aún hay una serie de limitaciones.

En el caso de San Miguel, la única oficina relacionada con los programas sociales es la ULE, cuyas funciones y presupuesto dependen del SISFOH y de la Municipalidad Provincial de San Miguel, respectivamente. Esto no quiere decir que no existan beneficiarios de programas sociales; como ya se ha mencionado, su presencia es importante en la provincia. Lo que ocurre es que las oficinas de los programas sociales están asentadas en la capital del departamento, a una distancia de entre dos o tres horas, aproximadamente, en transporte público.

Del mismo modo, la distribución territorial de las funciones y responsabilidades de la ULE y de los promotores de los programas sociales en la provincia es poco clara, tanto para los beneficiarios como para los propios funcionarios. Aunque en principio el MIDIS ha establecido la "territorialidad" de sus funciones (como se verá después a través de los testimonios), la acción cotidiana definida por el movimiento poblacional, las limitaciones de acceso o la necesidad de cumplir con determinadas metas, provoca que los funcionarios tengan que reformar y configurar informalmente estos límites, los mismos que generan esta confusión. Así, por ejemplo, queda claro que las funciones de la ULE y de los promotores destinados a San Miguel están circunscritas al ámbito del distrito; sin embargo, en muchas oportunidades, sus labores involucran el trabajo con comunidades y beneficiarios de otros distritos, especialmente los de difícil acceso.

Así, en lo que respecta a los procesos de relación entre beneficiarios y funcionarios, encontramos que San Miguel provee un escenario bastante centralizado, especialmente en la actividad de los pagos, que es la que demanda mayor despliegue operativo en un solo evento. Como puede verse en el esquema 1, los principales espacios en los que los beneficiarios realizan sus trámites y cobran sus compensaciones económicas se ubican en la plaza de Armas. La ULE ocupa una oficina en la municipalidad provincial, a la que se accede por la parte delantera del municipio, mientras que la oficina de Desarrollo Social y la agencia del Banco de la Nación (con el cajero automático) se hallan a escasos metros. De esta manera, como veremos más adelante, el trayecto que tienen que recorrer los beneficiarios para revisar su estado dentro del programa y cobrar el estipendio que este les asigna es relativamente corto.

Esquema 1
Plaza de armas de San Miguel

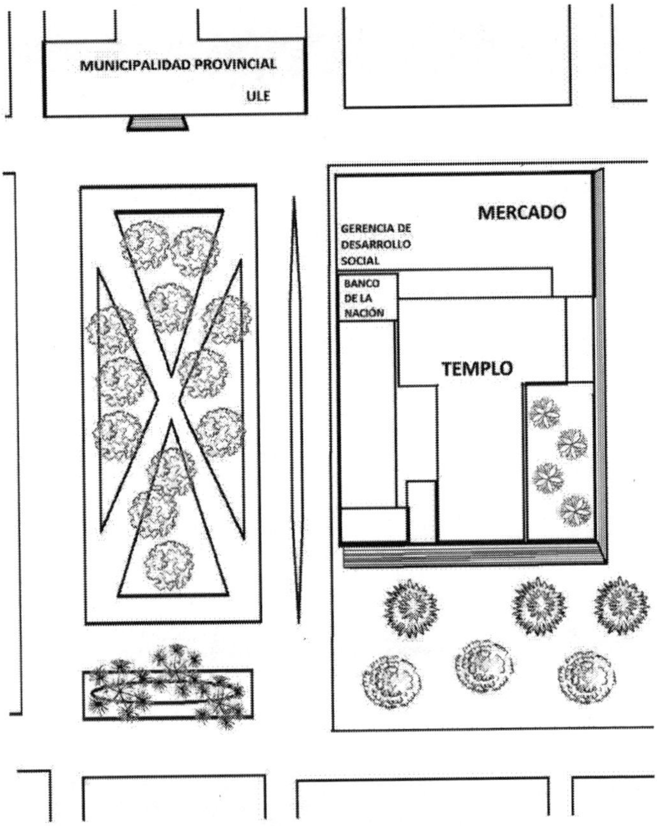

Fuente: elaboración propia con notas del cuaderno de campo (Sosa Villagarcía).

La oficina de la ULE, como hemos mencionado, se encuentra en la municipalidad. Se trata de un espacio de entre tres y cuatro metros cuadrados, que comparte con otros dos programas municipales: la Defensoría Municipal del Niño, Niña y Adolescente (DEMUNA) y la Oficina Municipal de Atención a la Persona con Discapacidad (OMAPED) (esquema 2). De hecho, los beneficiarios, funcionarios y la gente en general se refieren a este espacio con el nombre de la DEMUNA. De forma anecdótica, al iniciar el trabajo de campo, los funcionarios municipales nos indicaron que la información sobre los programas sociales debía solicitarse "en la DEMUNA" y, en repetidas oportunidades, los propios beneficiarios señalaron que tenían que hacer sus trámites "con la DEMUNA". Según el encargado de la oficina, la confusión se debe a que dicho proyecto antecede a los de la ULE y la OMAPED y, por lo tanto, esa la mejor manera de explicar a cualquiera cómo llegar. A esto contribuye, además, el modo de anunciar a cada proyecto. Mientras que en la puerta uno puede observar un letrero que indica que ahí operan la DEMUNA y la OMAPED, el nombre de la ULE solo figura en un papel pegado de forma precaria.

En la oficina, los tres programas se han repartido el espacio colocando los escritorios en forma de herradura, como puede verse en el esquema 2. Al extremo izquierdo, del lado de la puerta, se encuentra el escritorio de la funcionaria de la DEMUNA; frente a la puerta, el del funcionario de la OMAPED, y al lado izquierdo, "escondido" de la vista desde la calle, el escritorio del jefe de la ULE —un mueble que comparte con sus dos ayudantes cuando desarrollan los trabajos de digitalización— y un estante con los documentos y registros de la focalización. El escritorio de la ULE cuenta, además, con una computadora y una impresora. Según el funcionario, la conexión a internet, necesaria para el proceso de digitalización y el envío de los formularios, es continua y rápida gracias a una gestión

Esquema 2
OFICINA LLAMADA DE LA "DEMUNA" EN SAN MIGUEL,
DONDE SE ENCUENTRA LA ULE

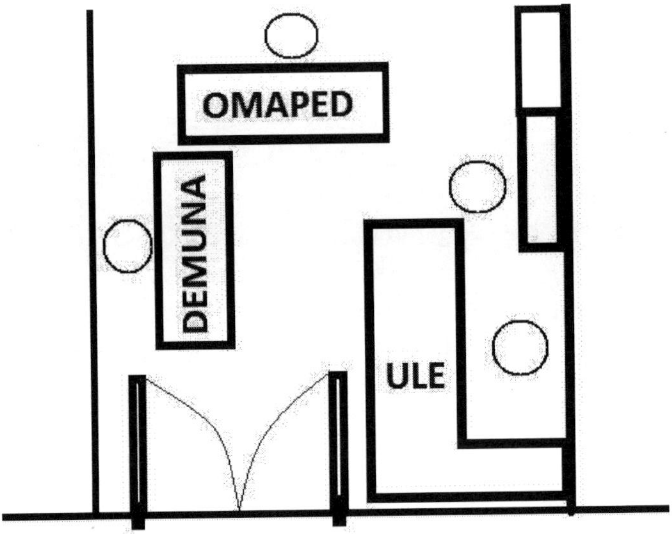

Fuente: elaboración propia con notas del cuaderno de campo (Sosa Villagarcía).

de la municipalidad. El espacio limitado, además de compartido, es una de las principales dificultades para el trabajo. Debido a la gran afluencia de personas en la época de pagos, que es cuando se hacen más consultas, la gente debe esperar haciendo cola afuera de la oficina. Por lo demás, si bien es cierto que las arquerías de la municipalidad proveen un espacio techado, en determinados momentos las colas son tan largas que dan la vuelta a la municipalidad y las personas deben esperar sin protección ante los cambios de clima, especialmente en los meses de lluvia.

En esta área se atiende a un promedio de diez personas al día, que buscan afiliarse a los programas sociales o averiguar sobre el estado de su solicitud de incorporación. Asimismo, allí se realiza el "trabajo de gabinete": el registro de información de las solicitudes, la digitación de la información (luego del empadronamiento o "trabajo de campo"), y el archivamiento de los documentos (y en ocasiones, el empadronamiento). Esta dependencia física es reflejo de otra de carácter institucional: la ULE no se encuentra en el organigrama de la municipalidad. La ULE de San Miguel es un enlace municipal con Pensión 65, mediante el convenio que tiene con ese programa. Asimismo, tampoco cuenta con autonomía presupuestal: por Bernardo, el jefe de la ULE, supimos que la oficina se encuentra dentro del pliego de "Municipios Saludables", un rubro que forma parte del Programa Articulado Municipal (PAM). El presupuesto anual que se le ha asignado es de 25 mil soles, pero no puede disponer de todo el monto. Bernardo recuerda que en sus primeros meses en la oficina, no había dinero para el trabajo de campo en las comunidades. Esto ha cambiado recientemente debido a las buenas relaciones que se han entablado con el alcalde y su esposa —"la profe"—, quien a decir de los propios funcionarios interviene en la distribución de los puestos en el municipio. En general, sin embargo, la autoridad local no considera a la ULE como una prioridad, más aún cuando esta ya no forma parte del plan de incentivos.[6]

Bernardo, junto con Ignacio y Gonzalo, conforman el personal de la oficina. Los tres son contratados. Solo los dos últimos hablan fluidamente el quechua. Bernardo es estudiante de derecho de un

6. "El Programa de Incentivos a la Mejora de la Gestión Municipal (PI) fue creado mediante ley n.º 29332 y modificatorias e implica una transferencia de recursos a las municipalidades por el cumplimiento de metas en un periodo determinado. Dichas metas son formuladas por diversas entidades públicas del Gobierno Central y tienen como objetivo impulsar determinados resultados cuyo logro requiere un trabajo articulado con las municipalidades" (correo-e: incentivos.municipales@mef.gob.pe).

programa a distancia. Es muy joven: tiene apenas 22 años, pero cuenta con una gran experiencia, tanto en el Estado como en el sector privado. Desde los 16 años ha trabajado en el Ministerio Público y en el MINEDU (en la UGEL provincial y en la Dirección Nacional de Educación, como secretario de administración), además de en el área de sistema de clínicas privadas, ya que posee esa especialidad. Ignacio y Gonzalo también son profesionales: el primero estudió una carrera técnica en computación e informática; el segundo, procesamiento de alimentos. Bernardo es el jefe y Gonzalo e Ignacio son los empadronadores y digitadores, aunque esta distinción es solo nominal. La escasez de mano de obra hace que los tres sepan y ejecuten todas las funciones necesarias.

Ninguno de ellos accedió a su puesto por concurso público. Gonzalo llegó a la ULE gracias a la esposa del alcalde, a quien conoció cuando trabajó en la UGEL. En un inicio fue un cargo de confianza en la Gerencia de Desarrollo Social, hasta que recaló, después de pasar por otras oficinas, en la ULE, luego de que el gerente le comentara que ahí necesitaban a alguien con el perfil de profesional técnico y con conocimiento del quechua. Bernardo tiene también una historia similar. Cuando trabajaba en la UGEL provincial, la "profe" le sugirió que lo hiciera en el municipio para que "aprendiese": le pidió que tratara de "ser curioso" porque él debía remplazar a la por entonces jefa de la Unidad, quien, como veremos, no tenía buenas relaciones con las demás oficinas de la municipalidad, entre ellas la gerencia municipal. De esta manera, Bernardo ascendió en solo cuatro meses de digitador a responsable del área. Cabe señalar que, en virtud del convenio con los gobiernos locales, el MIDIS no impone las condiciones para la contratación del personal. Estos funcionarios, como profesionales, tienen ventajas para el aprendizaje y la operatividad del sistema. Bernardo averiguó a través de internet sobre el funcionamiento del SISFOH y descargó los manuales, instructivos y aplicativos. En un mes pudo dominar casi todo, aunque reconoce que aprendió más en las capacitaciones que brinda el MIDIS al personal.

El trabajo, más allá de la carga laboral, requiere lidiar con ciertas coacciones. Durante nuestra visita pudimos recoger testimonios sobre la presión que ejercen algunas autoridades municipales para que se incluya en el programa a familiares o conocidos. Bernardo mismo nos comentó que unos días antes de nuestra visita, un regidor le pidió inscribir a un conocido. Estas demandas, no obstante, no parecen surtir efecto, pues suelen chocar con el coordinador territorial asignado por el MIDIS, quien es muy cercano a Bernardo.

De este modo, los últimos actores relacionados con los funcionarios de la ULE son, como mencionamos, los vinculados a la UCF: los coordinadores territoriales y, de manera indirecta, los propios funcionarios de esa Unidad. Camilo era el coordinador territorial, delegado por la UCF, y tenía bajo su responsabilidad a las ULE de las municipalidades distritales y provinciales del departamento, entre ellas, la de San Miguel. Reside y tiene su oficina en la capital regional. Entre sus funciones, Camilo brinda apoyo y realiza capacitaciones constantes, y ocasionalmente efectúa también supervisiones. Tiene un número oficial mediante el cual los jefes de las ULE se comunican con él; en ese sentido, Bernardo se encuentra en una situación privilegiada, pues tiene el número del celular personal del coordinador y por eso muchos jefes de las ULE distritales cercanas hablan directamente con él, a la espera de la solución de algún problema.

Al parecer, el coordinador ha tenido un papel importante en evitar el uso “inapropiado” de los instrumentos de focalización. Antes de Bernardo, la encargada era una mujer llamada Mirtha, quien provenía de la capital regional. De acuerdo con el funcionario de la OMAPED, Mirtha fue despedida porque era “muy estricta, muy apegada a la letra", lo que ocasionaba que no se tratara bien a los usuarios y "no se tuviera sensibilidad con los casos sociales", es decir, con las excepciones que se hacen a ciertas personas para que sean atendidas y empadronadas en la misma oficina. Ello podía ser políticamente desventajoso para la gestión. Ante cualquier reclamo, según cuenta el funcionario, la mujer contestaba: "Yo hago lo que dice la ley", esto es, lo normado por el MIDIS. No obstante, pudimos conocer otra versión sobre el despido de la anterior encargada. Según se dice, tres trabajadoras de la municipalidad que eran beneficiarias del programa Juntos fueron denunciadas por ella ante el coordinador territorial de la UCF, quien actuó conforme a la norma y las excluyó del programa. Esta "traición" no fue perdonada y provocó que el alcalde y su esposa la despidieran.

La provincia de San Pedro

San Pedro es la pequeña capital de una provincia del oriente amazónico. En comparación con otras ciudades de similar tamaño de la Amazonía, tiene una agitada actividad comercial por su ubicación estratégica, pues está localizada a orillas de la confluencia de dos de los ríos navegables más importantes del Perú. Ahí se erige un puerto que tiene un valor estratégico para las personas que viven en la zona, pues no solo es el sitio desde donde se desplazan hacia otros lugares de la región —a los que solo es posible acceder por río—, sino donde se comercializa las maderas duras, el petróleo, los productos de la costa y/o de la sierra (tanto lícitos como ilícitos) y los bienes de contrabando que sostienen económicamente a esta población.

San Pedro es, asimismo, uno de los últimos lugares en la selva amazónica al que se puede acceder por transporte terrestre. En la última década se terminó de asfaltar una carretera que lo conecta con ciudades importantes de las regiones selváticas aledañas, así como con otras en la costa y la sierra, con las cuales ha establecido un contacto fluido. Esto no solo ha incrementado sus actividades comerciales, también ha permitido que la población de San Pedro reciba una constante influencia de estas ciudades. Esta situación, a su vez, ha impulsado una incipiente diversificación económica, dando lugar a una industria turística que aún se encuentra muy poco desarrollada, pero que podría crecer con los años.

A diferencia de San Miguel, que está rodeada de centros poblados de igual importancia y a una hora de la capital regional, San Pedro es uno de los lugares de referencia más importantes del área donde se encuentra. Esto se debe no solo a su carácter de ciudad portuaria, sino a la lejanía de la zona con respecto a la capital de la región y a la escasa comunicación que existe con el resto del país y con otros centros poblados menores por la falta de carreteras. Esto ha provocado que San Pedro sea un punto obligado de llegada. La única manera de arribar a varios pueblos y comunidades cercanos es a través del transporte fluvial. Por tal razón, la ciudad concentra la actividad financiera y administrativa de los centros poblados y comunidades de la provincia de la que es capital, así como de las zonas colindantes de la región contigua.

En este contexto, aparte de la ULE, en San Pedro es posible encontrar las oficinas de cada uno de los programas sociales. Esto ha creado la necesidad de una mayor infraestructura, por lo que cada programa cuenta con un espacio propio. Esta es una primera diferencia con San Miguel, donde el único punto de referencia de los programas sociales es la ULE, instalada en una oficina muy pequeña que comparte con otras unidades administrativas. Otra diferencia es que, aunque en San Pedro la ULE y Pensión 65 funcionan en un mismo edificio, las oficinas están una frente a la otra, en espacios medianos separados de otras oficinas por delgadas paredes de *triplay*; Juntos, en cambio, ocupa un edificio propio bastante amplio, con varios ambientes y con un espacio ambientado en el patio donde la gente puede esperar su turno sentada y protegida de las copiosas lluvias de la selva. Asimismo, hay más funcionarios trabajando ahí, probablemente porque hay más personas que atender.

Por otro lado, todas estas oficinas se encuentran a una distancia considerable de la plaza central de la ciudad, donde se encuentra la agencia del Banco de la Nación, frente a la cual se pegan los padrones de beneficiarios de los programas. Para trasladarse con rapidez de alguna de estas dependencias al banco, suele ser necesario pagar de uno a tres soles a un motocarro, puesto que caminar puede tomar unos 20 minutos o más.

Cabe decir, como veremos más adelante, que este desplazamiento de un lugar a otro es frecuente entre las personas afiliadas a los programas sociales que viven en San Pedro, principalmente cuando se inscriben en ellos o cuando deben presentar o subsanar ciertos documentos. No parece ser usual, en cambio, que quienes viven en las comunidades y centros poblados de la zona acudan a la ciudad. Considerando que los viajes en bote pueden llegar a durar varias horas y suelen ser costosos —superando incluso el monto que se recibe de los programas sociales—, lo común en este caso es que sean los propios funcionarios quienes se desplacen hasta esos poblados para llevar a cabo el proceso de focalización y supervisar los pagos, como lo comprobamos en Lagos, un distrito selvático de la provincia de San Pedro. Por último, en contraste con la ULE de San Miguel, la de San Pedro dispone de más personal porque atiende a un número mucho mayor de personas (unos 50 al día). En los días en que no se realizan salidas al campo, trabajan allí entre 10 y 12 funcionarios.

El ingeniero Ternero es el jefe de la ULE de San Pedro. Ternero es ingeniero forestal; había trabajado anteriormente en una plantación de palma industrial, pero lo dejó porque el salario era bajo. Luego apoyó una campaña electoral para la alcaldía provincial. Al resultar

Esquema 3
OFICINA DE LA ULE EN SAN PEDRO

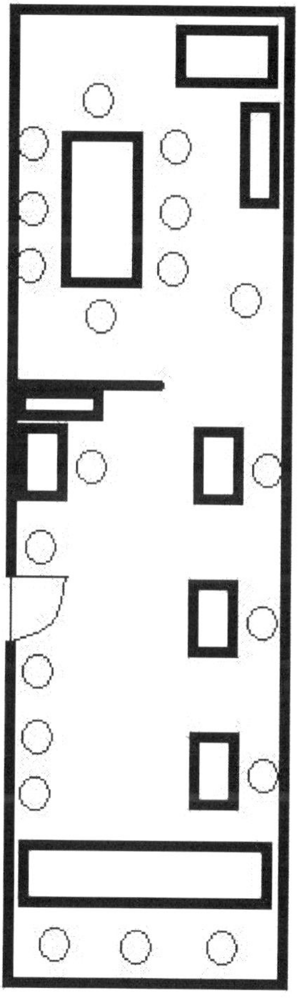

Fuente: elaboración propia con notas del cuaderno de campo.

elegido su candidato, lo llamó para que trabajara en la municipalidad. Ternero fue nombrado jefe de la ULE por sus conocimientos de informática y del propio SISFOH, pues también había trabajado en el censo que el MIDIS había encargado al INEI. Todo lo demás, según contó, lo aprendió en las capacitaciones a cargo de la UCF.

El resto de funcionarios también trabajaba en la oficina por favores políticos, sea por haber participado personalmente en la campaña electoral o por haber tenido familiares vinculados a ella. "Un regidor me dijo, que queda esta área libre, pero tienes que empadronar y acepté, y bueno, de todo un poco hay que aprender en esta vida", nos cuenta Laura, una de las digitadoras, cuando le preguntamos cómo llegó a trabajar en la oficina. Sin embargo, muchos de ellos también habían sido reclutados por su experiencia en ofimática o informática, que les facilitaba trabajar con los documentos y las bases de datos. Antonio, empadronador, había participado igualmente en el empadronamiento del INEI; Hugo, digitador, era ingeniero de sistemas; Laura y Karolina, esta última también digitadora, habían estudiado una carrera técnica en institutos, una en Lima, otra en su provincia natal; Raúl era un practicante que cursaba estudios en una universidad de la región. Todos ellos —a excepción del ingeniero Ternero, que tenía un contrato administrativo de servicios (CAS)— trabajaban con contrato por terceros. Cabe señalar que ninguno pretendía continuar en la carrera administrativa, salvo Ternero, el jefe de la ULE, quien nos confesó que consideraba su puesto como un trampolín para asumir cargos más importantes y para poder ahorrar y crear su propia empresa.

La otra cara de esto es el poco interés que demuestra el alcalde por la ULE. Como afirmó Ternero, "el alcalde no le presta mucho interés a la labor de la ULE, sabe que la plata está en las obras, no en el SISFOH". Durante el trabajo de empadronamiento, los propios empleados de la Unidad tenían que costear el combustible y esperar meses para que ese dinero les fuera repuesto. Los salarios que recibían eran bajos y debían esperar un largo tiempo para que el área de abastecimiento les asignase el presupuesto para los viajes que debían realizar a los centros poblados más lejanos. Asimismo, el personal había sido reducido de 16 a 10 personas. El pedido de Ternero para remplazar a quienes se habían ido por gente más especializada nunca fue escuchado.

Por un lado, las distancias son mayores en el caso de la Amazonía y las condiciones de trabajo son precarias. "Cruzamos ríos y hacemos una balsa para que no se hundan los equipos, cargamos fichas, formatos 1 y 8, además de nuestra ropa y comida [...] y encima de todo [cargamos] a las señoras", recuerda Antonio. Durante los empadronamientos, es frecuente además que el clima juegue una mala pasada. Por otro lado, el gran número de solicitudes de empadronamiento genera una mayor carga laboral.

Los coordinadores territoriales cumplen una importante labor de apoyo. No obstante, el jefe de la ULE de San Pedro tenía muchas dificultades para comunicarse con el "suyo", quien rara vez visitaba la municipalidad. A decir del ingeniero Ternero, tenía "sus propias municipalidades" a las que sí atendía. Por ello, y en virtud de la necesidad de capacitación, información y de una solución a los "pasivos", Ternero consultaba de manera directa con el coordinador regional del departamento vecino, Pedro, quien podía ir a visitarlo de manera más frecuente y con quien, a raíz de esto, tenía una relación de confianza.

Las municipalidades distritales

Durante la investigación pudimos entrevistar a ocho jefes de ULE de municipalidades distritales de las provincias de San Miguel y San Pedro, así como de una provincia cercana a esta última jurisdicción; en total, realizamos tres entrevistas en la sierra sur y cinco en la Amazonía. Pudimos advertir que en algunos aspectos las ULE distritales se asemejan más entre sí que con sus respectivas ULE provinciales: en los distritos, los problemas parecen agudizarse. En la mayoría de estas ULE, la conexión a internet –esencial para el sistema– presenta dificultades, una complicación más mucho grave en el caso de la Amazonía. Los equipos son limitados, pues se cuenta en promedio solo con una computadora y casi nunca con impresoras; en muchos distritos, además, estos equipos pertenecen a otras áreas de la municipalidad. Asimismo, la gran mayoría de oficinas no tiene asignado un presupuesto propio, y se sostiene afectando otros proyectos de la municipalidad. En ambas regiones, las ULE distritales no tienen en promedio más de tres trabajadores, de los cuales solo uno es permanente. Los testimonios señalan que en ninguna de estas ULE el personal es suficiente para las tareas asignadas. El sueldo, por lo general, es el mínimo. Salvo un entrevistado, ninguno conocía el SISFOH antes de asumir el cargo; la mayoría aprendió el sistema por medio de las capacitaciones. En cuanto a la carga laboral, proviene principalmente de personas que buscan la actualización socioeconómica debido al vencimiento del beneficio que reciben del SIS o del programa Juntos.

Existen, no obstante, diferencias importantes según el contexto regional. Las capitales distritales en la provincia de San Miguel están conectadas entre sí por una carretera asfaltada, por lo que no nos tomó más de 40 minutos llegar a sus oficinas. En San Pedro, las ULE son parte de oficinas de enlace municipal y se ubican en la capital de la provincia, alejadas de los distritos. Por otro lado, en los casos de la sierra el centro poblado más distante está a tres horas; en la Amazonía, en cambio, el viaje puede durar hasta 15 días. El jefe de una ULE distrital amazónica nos contó que solo visitaba los centros poblados cuando se formaba una "brigada", es decir, un grupo de personas del área de obras o de defensa civil que viajaba a las comunidades nativas o a diferentes centros poblados de la zona. En esas ocasiones, él se "colaba" y así evitaba los gastos al municipio.

En cuanto al trabajo de campo, mientras que en las ULE de San Miguel este tomaba entre uno y tres días, en las de San Pedro el plazo se ampliaba hasta una semana.

La situación es más grave para las ULE amazónicas, pues la reducción del canon petrolero ha provocado que las partidas de las municipalidades se destinen principalmente a otros proyectos, lo que afecta su presupuesto. "Hagan lo que puedan", fue lo que le dijo el alcalde a Rodolfo, el empadronador de la ULE distrital de Coronel Domínguez.

***

En resumen, este capítulo describe las condiciones bajo las cuales los burócratas vinculados a los programas de lucha contra la pobreza —específicamente, los de las ULE— realizan sus labores cotidianas. Aun con diferencias en cuanto al contexto de las localidades y el grado de penetración estatal, San Pedro y San Miguel comparten una serie de retos relacionados con la geografía y el clima para la puesta en marcha del SISFOH y de los programas. A estos desafíos se suman las condiciones institucionales de su trabajo, propias del ámbito de los gobiernos locales: presupuesto reducido, incertidumbre sobre la disponibilidad de recursos, ausencia de una carrera meritocrática, roles poco claros y cierta presión política por parte de las autoridades. Tal como veremos en los siguientes capítulos, estas condiciones influyen en el modo como los burócratas de la calle emplean su discrecionalidad frente a los usuarios y, a partir de ello, en cómo se configuran las relaciones Estado-sociedad.

Capítulo 4

Los burócratas en acción: el Sistema de Focalización de Hogares[1]

Diego Cerna
Luis García
Félix Puémape

Introducción

Pedro, coordinador territorial de la UCF
Ternero, jefe de la ULE de San Pedro
Lurdes, jefa de la ULE de Marín, provincia de San Pedro

El siguiente relato, construido con los apuntes de campo, describe una actividad específica de los burócratas de la calle del SISFOH.

---

1. Este capítulo no hubiera podido escribirse sin la ayuda de los burócratas de la UCF y de las ULE visitadas; nuestro agradecimiento no compensa, desde luego, los momentos en que interrumpieron su jornada de trabajo para compartir su experiencia. Agradecemos de igual manera la amabilidad y generosidad de la familia García Gonzales, que hizo aún más grata nuestra estadía en San Pedro.

Un día en la capacitación: San Pedro, febrero, 2016

En uno de nuestros últimos días de visita en la ULE de la Municipalidad de San Pedro, tuvimos la oportunidad de participar en una capacitación a cargo de Pedro, coordinador territorial de la Unidad Central de Focalización (UCF). Pedro era en realidad el coordinador de una región vecina, pero había sido invitado por el ingeniero Ternero, que era el jefe de "nuestra" oficina. Como nos comentó Pedro, el objetivo de las capacitaciones es ayudar a que la ULE realice sus actividades en línea con lo propuesto por la UCF. Estas actividades consisten en atender las solicitudes de los hogares que desean incorporarse a algún programa social, realizar un empadronamiento a su vivienda para verificar sus condiciones socioeconómicas, digitar los datos recogidos y enviarlos a la UCF –por medio de un aplicativo informático–, a fin de que esta última brinde una respuesta con la clasificación socioeconómica del hogar.

El tema de la capacitación era la directiva del MIDIS que había creado y reglamentado el nuevo formato de solicitud S100, y cómo llenarlo adecuadamente. La charla no solo estaba dirigida a nosotros, sino también a los promotores de los programas sociales y del Seguro Integral de Salud [SIS]. Adicionalmente, otros jefes de ULE fueron invitados.

Improvisamos un escenario: trajimos sillas de otras oficinas y reubicamos la pizarra para que Pedro pudiese utilizarla. A los pocos minutos, comenzó la exposición. Pedro recordó que el año anterior existían diez formatos, uno por cada tipo de solicitud (por ejemplo, se usaba un documento si la persona deseaba su primera clasificación y otro para su reclasificación). En contraste, el S100 ayudaría a "simplificar el papeleo"; ahora, el funcionario solo necesitaba marcar en la hoja del S100 la opción de solicitud requerida. Esta simplificación reduciría el tiempo de espera de los ciudadanos. "Uno de nuestros retos es darle [la] clasificación socioeconómica [al hogar] en un tiempo no mayor de 25 *días contados desde que el documento es subido con la información". Para lograrlo –continuó– "es también necesario que realicen el procedimiento establecido". A continuación, describió la secuencia oficial: recabar los datos del solicitante en la hoja, digitarla inmediatamente en el nuevo aplicativo, enviarla a la UCF y esperar la autorización de esta última para el empadronamiento del hogar. Pedro advirtió que durante la atención a las personas en la oficina, era importante que en la hoja especificaran "la fecha en que recepcionan [sic] la solicitud"; esto para realizar un seguimiento y una supervisión posterior al uso de los formatos.*

Se abrió entonces una primera rueda de preguntas y comentarios. Después de algunas intervenciones, una joven se levantó y se presentó. Era Lurdes, la responsable de la ULE del distrito de Marín. A tenor con la preocupación por el cumplimiento de las fechas, preguntó: "Y en los casos rurales, ¿qué vamos hacer allí?... al último centro poblado se llega en 15 días". Para Lurdes cumplir con los 25 días estipulados por la directiva era casi imposible en su distrito. Pedro, por un momento, dudó. Después comentó, algo resignado: "Sí, pues. Allá [en la región donde él trabaja] no tenemos esos casos... poner sin fecha [el S100] sería una posibilidad". Y terminó diciendo: "Déjeme hacer la consulta... porque Lorenzo [el coordinador de nuestra ULE] no ha informado ese caso... porque por accesibilidad tienen un 'caso social'".

Al terminar la capacitación, conversamos por última vez con Ternero. Quería saber nuestras impresiones sobre el evento. Hablamos sobre la pregunta de Lurdes; Ternero nos confesó que él tampoco llenaba la fecha cuando el solicitante visitaba la oficina. Por las condiciones a las que se enfrentaba (falta de viáticos, distancia de la población), similares a las de la ULE de Marín, era poco probable poder empadronar a los hogares dentro de los cincuenta días de plazo. La fecha del S100 era llenada después de realizar el viaje a las comunidades, de localizar a la familia y de llenar sus datos con la otra ficha, la del empadronamiento. Así, la solicitud era llenada al mismo tiempo o después del empadronamiento. Este era, según explicó, su "manejo interno". Cuando le preguntamos a quién se le había ocurrido esta idea de "manejo interno", nos contestó: "Fue a Pedro".

En un primer momento, el episodio parece ilustrar un contraste entre la lógica de Pedro, por un lado, y la de Lurdes y Ternero, por el otro. El primero destaca el uso reglamentado de formatos, por definición estandarizados, que reducen la información geográfica, temporal, de distinta complejidad y de diferentes fuentes, a un solo registro material (Latour 1986). Los otros dos funcionarios, en cambio, resaltan la aplicación cotidiana de estos documentos mientras se lidia con una realidad social, política y geográfica compleja. En un momento de la capacitación, ambas lógicas parecen distanciarse, debido a los problemas de accesibilidad del territorio: para la jefa de la ULE de Marín resultaba casi imposible cumplir con los calendarios estipulados en el formato S100. Sin embargo, al final del relato, la tensión entre ambas lógicas se diluye y se transforma en un consenso sobre la necesidad de improvisar una salida. En este escenario donde se encuentra el burócrata local con el nacional, este último parece contradecirse: para evitar que los plazos venzan, Pedro sugiere recurrir a una práctica "informal", como dejar vacío el casillero de la fecha en el S100.

¿A qué obedece la contradicción de Pedro? ¿Qué nos dice este tipo de acción de la lógica de los burócratas de la calle? Responder a estas preguntas nos obliga a adentrarnos en las "cajas negras" del Estado (Callon y Latour 1981). Mientras que en el capítulo anterior describimos el contexto social e institucional en el que laboran los burócratas de los programas sociales, en las siguientes líneas nos centraremos en las rutinas de estos funcionarios en su papel de "hacedores de política", tal como lo destacó Lipsky (2010). Con este objetivo, analizamos los procedimientos del SISFOH desde la perspectiva de la burocracia de las ULE de las municipalidades de San Pedro y San Miguel: la atención al público; las prácticas de inscripción y digitación en la oficina; el empadronamiento en el campo; y las coordinaciones con instancias superiores del MIDIS.[2] El estudio de las prácticas de la burocracia local a cargo de los programas sociales es importante por dos razones: en primer lugar, porque son requisitos de esos programas y determinan, por lo tanto, el rumbo de las solicitudes de incorporación de los ciudadanos; en segundo lugar, porque nos permiten observar el grado de discrecionalidad de los burócratas de la calle, incluso durante la puesta en marcha de redes sociotecnológicas como procedimientos estandarizados (Law 2009).

De esta manera, utilizando como marco la teoría del actor-red para emprender el estudio del Estado (Passoth y Rowland 2010), este capítulo llama la atención sobre tres características de estas prácticas. Para empezar, las acciones de funcionarios como Lurdes o Ternero se comprenden a partir de un paradigma que prioriza la fluidez de la información de la ULE a la UCF, el cual es aprobado por funcionarios de alto rango como Pedro. Las acciones de los burócratas del SISFOH —tanto a escala local como nacional— se orientan a recoger información poblacional "suficientemente real" (Law 2009) como para mantener los procedimientos de clasificación funcionando. Estas acciones, antes que *conocer* "la verdad más próxima a la realidad" del hogar, tratan de *conectar* y *validar* los datos recogidos mediante el filtrado de "información ilógica" o el cruce con otros datos. Así, la verdad sobre la información demográfica se construye en la UCF gracias a prácticas que comparten y legitiman

2. Para una infografía sobre el proceso de clasificación socioeconómica, véase anexo 1.

los datos recogidos en las ULE ante un abanico más amplio de actuantes humanos (expertos) y no-humanos (bases administrativas).

En segundo lugar, los funcionarios de las ULE de San Pedro y San Miguel alteran y reproducen documentos con el objetivo de adecuar el registro de información a su realidad. Como observamos en el relato previo, los burócratas usan los formatos del SISFOH –la ficha socioeconómica única (FSU) y el S100– de modos no previstos por las directivas del MIDIS; este uso varía y adquiere un significado distinto al señalado por los rangos superiores. En estas prácticas influyen las condiciones laborales de los burócratas, su experiencia y el diseño del formato, cuya historia de cambios tiene sus propias consecuencias (Hull 2012).

Finalmente, estas prácticas son *visibles*, en la medida en que el SISFOH es un sistema en construcción. Su fragilidad hace que los burócratas requieran conectar y validar los datos de manera artesanal, en un contexto de irregular poder infraestructural del Estado (O'Donnell 1993, Altman y Luna 2012, Soifer 2008, Kurtz 2013, PNUD 2010). Los parámetros con los que se construye la información poblacional son aún reconsiderados y discutidos. En esta línea, los burócratas *actúan*: disponen de un abanico de estrategias para cumplir con el acopio y procesamiento de información, en medio de una serie de presiones, incentivos y expectativas desiguales.

En lo que resta del capítulo nos ocuparemos de los procedimientos que guían la interacción entre las oficinas de las ULE y la UCF y su relación con la *performance* real de los funcionarios locales. En cada una de las rutinas de estos funcionarios –atención al usuario; inscripción de la solicitud; empadronamiento; digitación y envío de información– podemos notar cómo los datos de la población se construyen en parte por la discrecionalidad de estos burócratas de la calle, de forma tal que la información de los hogares sea "suficientemente real" como para ser aceptada y validada por las bases de datos. Observamos, asimismo, cómo en estas rutinas se hace un uso discrecional de los documentos dispuestos para el acopio de información del hogar. Estas prácticas a escala local, que podrían ser tildadas de "informales", son respaldadas por los propios burócratas de la UCF, representados por coordinadores territoriales como Pedro. Esta desaparición de la línea que divide lo "oficial" de lo "informal" en el Estado peruano será analizada en la penúltima sección. Cerramos el capítulo con algunas conclusiones preliminares sobre el papel que desempeña la discrecionalidad de los burócratas de la calle en la información que construye el Estado.

De la ULE a la UCF: procedimientos oficiales[3]

Para mejorar el proceso de clasificación socioeconómica de los hogares, en el año 2015 la UCF dispuso un nuevo procedimiento. La directiva 012-2015-MIDIS señala que la clasificación se determina con los datos del levantamiento de información censal de los hogares (a través del empadronamiento por demanda), pero también con el cruce de esos datos con otras bases administrativas nacionales, mediante un flamante aplicativo informático. Esta metodología establece que cada una de estas etapas tiene el propósito de distinguir a los pobres extremos de entre la población rural o urbana que cotidianamente solicita su incorporación al Padrón General de Hogares para poder afiliarse a un programa social.

Para que esta metodología funcione, el responsable de la ULE requiere tener una cuenta acreditada oficialmente por el MIDIS. Las ULE deben solicitar, además, los formatos oficiales con los cuales registra la información proporcionada por el solicitante y las

3. Para una infografía sobre el proceso de clasificación socioeconómica, véase el anexo 1.

características socioeconómicas del hogar. Con respecto a las solicitudes, la directiva del MIDIS introdujo un cambio al crear el formato S100. Como nos explicó una funcionaria de ese ministerio, con ello se busca que las personas que se acercan a las ULE para solicitar la clasificación socioeconómica dejen de llenar tantos formatos (formato 01, formato 03), que correspondían por separado a datos específicos del hogar (como el número de los recibos de servicios o la pertenencia a una comunidad nativa) y al tipo de solicitud que requerían (ser clasificadas por primera vez, cambiar la clasificación o actualizarla).[4] Desde el año 2015, estos formatos oficialmente se volvieron "obsoletos", y ahora el S100 registra los datos del solicitante en un solo documento.[5] En lo que respecta a la FSU, que es el formato que propiamente registra los datos de la vivienda y las características socioeconómicas del hogar, se ha mantenido igual. Cabe señalar que el formato S100 y la FSU son originales, únicos, y que vienen con un número de serie. Se trata de papeles membretados oficialmente, por lo que el requerimiento de cada paquete de hojas debe ser firmado por el coordinador, el alcalde y el responsable de la ULE.

---

4. Para una imagen del S100, la FSU y el antiguo formato de solicitud CSE/ACSE, véase anexo 2.
5. En el S100 se recoge la siguiente información: el nombre del solicitante; los nombres de cada uno de los miembros del hogar; el número de DNI de todos. Se recopila datos sobre el acceso a servicios de luz, agua y saneamiento. Posteriormente, se pide al solicitante su dirección, una referencia para llegar a la casa y el nombre del centro poblado donde vive. En esa misma sección, el funcionario completa el ubigeo de la localidad. En la siguiente sección se le pregunta al solicitante, bajo la forma de una declaración jurada, el número de propiedades inmuebles que posee, el número de vehículos motorizados y los "ingresos provenientes de negocios e inversiones de todos los miembros del hogar, en los últimos doce (12) meses, expresados en nuevos soles".

Con estos documentos, las ULE deben comenzar a atender las solicitudes de clasificación socioeconómica y a programar los empadronamientos a las viviendas. El MIDIS hace entrega del "Manual del empadronador", además de otros instructivos, que en conjunto buscan guiar estos procesos. Los coordinadores territoriales, a su vez, realizan capacitaciones y brindan asistencia técnica a las distintas municipalidades de la región a las que son asignados. No menos importante son los comunicados que constantemente envía la UCF por correo electrónico a los jefes de las ULE, informándoles de los últimos cambios en los procedimientos oficiales.

Una vez recogida la información en el formato S100 y en la FSU, la directiva 012-2015-MIDIS prescribe que los datos sean enviados a la UCF a través de un nuevo aplicativo informático llamado Sistema Integrado para la Gestión de Operaciones de Focalización (SIGOF).[6] Este aplicativo fue puesto paulatinamente a disposición de las ULE, junto con sus instructivos, y se lo explicó en las capacitaciones. En el SIGOF, los burócratas de las ULE digitan los datos del S100 y de la FSU, para luego crear un archivo en formato .DAT que se envía por correo electrónico a la UCF desde la cuenta acreditada de la ULE.

En esa línea, este nuevo procedimiento se divide en dos etapas: en la primera, los burócratas deben enviar un archivo .DAT con los datos del formato S100 (véase gráfico 2). Este archivo registra la información proporcionada por la persona que se acerca a la oficina de la ULE solicitando la incorporación de su hogar a algún programa social. Contiene información básica del solicitante y de su hogar, la cual es contrastada con bases de datos administrativas

---

6. El aplicativo SIGOF se desarrolla sobre la plataforma del programa CSPro. En el 2015 este aplicativo aún estaba en su versión inicial; a lo largo de los últimos años fue modificado con la finalidad de corregir los errores del *software*.

Gráfico 1

Ventana del menú principal del SIGOF

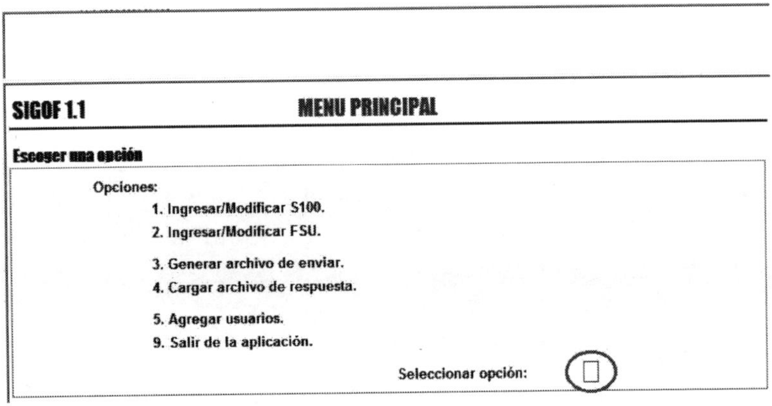

Fuente: "Instructivo para el manejo del Sistema Integrado para la Gestión de Operaciones de Focalización (SIGOF)", MIDIS.

sobre servicios, propiedades y otros activos.[7] Este "cruce", diseñado por la UCF y hecho por el sistema, permite obtener un primer filtro que categoriza automáticamente como "no pobre" a la población que, por ejemplo, registre más de un inmueble, ahorrando en teoría el trabajo de empadronamiento.

El segundo paso es la creación y envío del archivo .DAT con datos de la FSU. La normativa señala que este paso solo puede darse

7. La información de estos cruces proviene del mismo Padrón General de Hogares del MIDIS, del Registro Único de Personas de la RENIEC, del Marco Censal del INEI y de otras bases administrativas, como el Registro de Propiedades de la SUNARP. Cabe señalar que la realización estos "cruces" aún se encontraba en una etapa inicial. Al momento de realizar esta investigación, los funcionarios del MIDIS estaban diseñando una normativa al respecto, la cual derivó en la creación del Sistema Nacional de Focalización (ley n.° 30435) en mayo de 2016, donde se establecieron los mecanismos de intercambio de información social entre distintas entidades del Estado. Los lineamientos de estos mecanismos fueron aprobados en abril de 2017.

Gráfico 2
FLUJOGRAMA DE ARCHIVO .DAT CON LOS DATOS DEL FORMATO S100

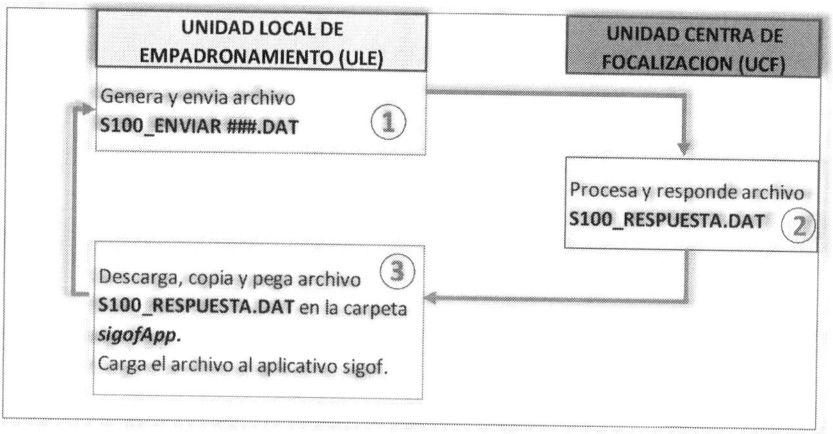

Fuente: "Instructivo para el manejo del Sistema Integrado para la Gestión de Operaciones de Focalización (SIGOF)", MIDIS.

una vez que la ULE recibe el archivo S100_RESPUESTA.DAT. En este archivo se determina si debe o no realizarse el empadronamiento, teniendo en cuenta la información proporcionada por el S100. Por ejemplo, en el caso de que el hogar no registre ninguna propiedad y no aparezca en ninguna base administrativa, la metodología exige que, con el fin de ser más precisos y distinguir a los pobres extremos, la ULE visite la vivienda para —con la FSU en mano— registrar sus condiciones socioeconómicas. Una vez realizada esta actividad, estos nuevos datos son igualmente digitados en el aplicativo SIGOF. De este modo, el flujograma repite la secuencia anterior.

Para que el flujo de información no se detenga y el hogar obtenga una clasificación (sea "no pobre", "pobre", o "pobre extremo"), resulta indispensable que la información recogida por las ULE —tanto en el S100 como en la FSU— sea *validada* por la UCF. Este proceso, en realidad, es automatizado por el SIGOF. De esta manera, el

Gráfico 3

Flujograma de archivo .DAT con los datos de la FSU

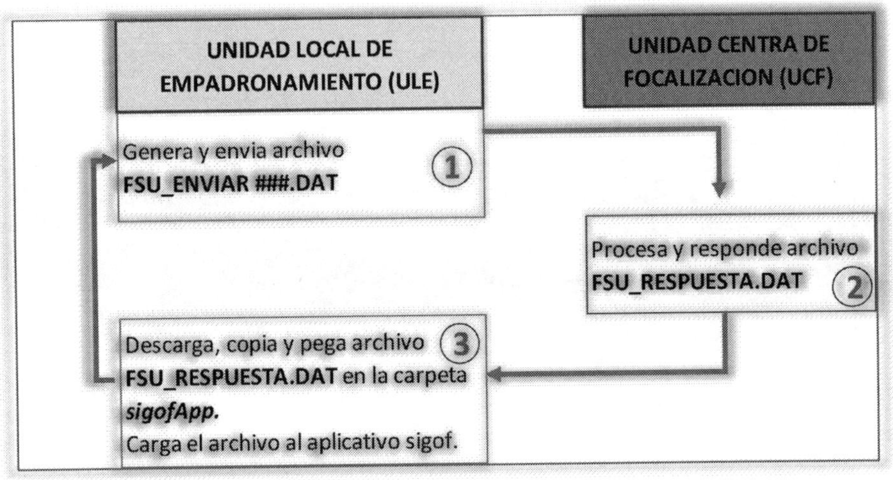

Fuente: "Instructivo para el manejo del Sistema Integrado para la Gestión de Operaciones de Focalización (SIGOF)", MIDIS.

SIGOF acepta o rechaza el envío en función de validar los siguientes datos: la acreditación del correo oficial de la ULE; los números de serie de los formatos (S100 y FSU); el DNI del personal de la ULE, (incluido el empadronador), del solicitante y de los miembros del hogar; y la *consistencia* de la información de los formatos. El SIGOF, por tanto, indica los "errores" que deben ser subsanados por la ULE (que aparecen numerados en los archivos S100_RESPUESTA.DAT y FSU_RESPUESTA.DAT); caso contrario, la información recogida no podrá ser "subida" al sistema y el hogar no logrará obtener su clasificación socioeconómica.

En cuanto a la *consistencia*, en ella se valida propiamente la información del hogar recogida en los formatos S100 y FSU. El SIGOF descarta archivos si contienen datos "ilógicos" (por ejemplo, si se digitan datos de una vivienda con "columnas de madera" y "techo de cemento"), incompletos (cuando no se llena algún casillero obligatorio), o que no corresponden con lo registrado por otras bases de datos administrativas (por ejemplo, si existe un error en cuanto al número de ubigeo de un centro poblado).

La nueva directiva hace además hincapié en dos aspectos. Por un lado, establece un calendario para el trabajo de la ULE, que ordena el periodo entre el llenado de la solicitud S100 en la oficina y la obtención de la clasificación socioeconómica del hogar. De cumplir el plazo, los funcionarios tienen de 4 a 5 semanas para enviar la información consistente recogida a través de los empadronamientos a la UCF (véase cuadro 1).

Cuadro 1
Calendario de flujo de información

Procedimiento	Tiempo
Desde la presentación de la solicitud y la inscripción en el formato S100 hasta el envío de la información en el aplicativo	10 días hábiles
Desde el envío de la información del S100 con la respuesta de la UCF hasta el envío de información con los datos recogidos en el empadronamiento con la FSU (*en caso proceda el empadronamiento*)	10 días hábiles
Desde la respuesta de la UCF sobre la consistencia de la FSU hasta su reenvío definitivo a la FSU (en caso haya correcciones)	5 días hábiles

Fuente: "Manual del S100". Elaboración propia.

El segundo aspecto son las sanciones. De no cumplir el plazo establecido, la UCF puede tomar acciones que contemplan desde rechazar permanentemente los envíos hasta sancionar al jefe de la

ULE. La directiva finalmente considera sanciones graves si en alguna supervisión se detecta un fraude, esto es, una alteración intencionada de los documentos o una información falsa.[8]

El propósito de esta nueva metodología es obtener la clasificación socioeconómica con la mayor celeridad posible; la idea es que los tiempos de envío y de recepción de la respuesta se acorten. En palabras de los encargados de la UCF, la directiva del MIDIS obedece principalmente a la voluntad de hacer que el sistema sea más "prociudadano", reduciendo el número de formatos que deben llenarse y estableciendo calendarios más estrictos en favor del usuario.[9] La mayor automatización del proceso mediante el cual se valida la información enviada por las ULE contribuye a disminuir los plazos de entrega de la clasificación socioeconómica al hogar.[10]

Estos cambios, por otro lado, debían incrementar la posibilidad de monitorear el trabajo de las ULE. Las "reglas de consistencia" mencionadas líneas arriba son "candados" cuya función principal es la de evitar el manejo discrecional de los datos. Son los

---

8. Si bien el fraude estaba contemplado en esta directiva, no es sino hasta después de promulgarse la ley n.° 30535 que se establecen con mayor precisión ciertos mecanismos legales para sancionarlo.

9. Esta idea de un sistema estatal "amable" y "simplificado", que reduzca el papeleo del ciudadano, no es desde luego exclusiva del MIDIS. Desde la década de 1990, uno de los principales objetivos de las sucesivas propuestas de reforma del Estado ha sido la simplificación administrativa. Aunque inicialmente pensada para el ámbito económico, por las empresas que son empujadas a la informalidad "a consecuencia de los costos que la maraña regulatoria ocasiona" (De Soto et ál. 1986: 301), la simplificación ha constituido un paradigma de modernización para todos los sectores del Estado (Abusada et ál. 2000, PCM 2011: 10-32).

10. Anteriormente, este envío no era tan automatizado; hasta la directiva 01-2015 MIDIS se lo realizaba por *courier*, en un CD. Ello incrementaba, como ya hemos señalado, la posibilidad de que en el camino los documentos físicos se perdieran.

principales "supervisores" de los funcionarios de las ULE, que se encuentran en los aplicativos donde ellos digitan obligatoriamente los datos recibidos por la UCF. De este modo, el SIGOF se convierte, en palabras de Callon (1986, Callon y Law 1992), en un "punto obligatorio de paso".[11]

Las rutinas de la ULE

Nuestro trabajo de campo nos llevó a acompañar a los burócratas locales durante los meses en los que la directiva 012-2015-MIDIS estaba aplicándose por primera vez. Como dijimos, el SISFOH es un sistema en construcción —con directivas y comunicados que cambian constantemente las reglas— y en proceso aún incipiente de automatización. Esto fue una ventaja para el estudio, pues abrió la "caja negra" estatal y reveló prácticas documentales (entre otras) mediante las cuales los burócratas de las ULE de San Pedro y de San Miguel "bajaban" la metodología al "llano" de sus prácticas cotidianas. Este proceso resulta complejo: los burócratas de la calle establecen sus rutinas según el contexto social e institucional en el que se inscriben, pero también según las exigencias —a veces por encima de su capacidad— que la nueva directiva les plantea.[12] Estos desafíos —repasemos: una población rural con un alto grado de desplazamiento, reclamos

---

11. La función de los "puntos obligatorios de paso" puede ejemplificarse con el trabajo de Vos (2006). Este autor menciona su importancia para el caso de la supervisión de un sistema de riego en el Perú, en el que estos puntos son las compuertas de los canales de riego: su importancia radica en que, si bien es posible destruirlas y con ello alterar el flujo de agua, esta alteración "deja rastros" que permiten realizar una mejor identificación y fiscalización de los actores responsables de la adulteración. En el SISFOH, estos rastros son identificados por el SIGOF y remitidos a las ULE en sus informes de respuesta.
12. Lo que nos recuerda la literatura de "trampas de la capacidad" mencionada en la revisión bibliográfica (Pritchett et ál. 2010).

constantes, falta de experiencia, precariedad laboral, presiones políticas y ausencia de una logística adecuada, pero también condiciones geográficas y climáticas adversas— llevan a que frecuentemente los burócratas en ambas localidades actúen por fuera de lo indicado por el MIDIS para lograr construir información lo "suficientemente real" como para que fluya hacia la UCF. Las siguientes líneas se abocan a describir y analizar a estos burócratas de la calle en acción.

La atención al público

Karolina, responsable de la atención en la ULE de San Pedro
Laura, responsable de la atención en la ULE de San Pedro

El procedimiento que debe culminar en la obtención de la clasificación económica empieza cuando la población se acerca a las oficinas de las ULE de San Pedro y San Miguel. Es allí donde los funcionarios, sentados frente a sus computadoras, realizan un primer "filtro", preguntando el motivo de la visita. Pudimos advertir que en ambas localidades, la mayoría de las visitas busca averiguar el estado de una solicitud, más que solicitar la clasificación socioeconómica. Solo en este último caso, el funcionario indaga si el solicitante ya tiene una.

Centrémonos en la ULE de San Pedro. Allí, Karolina y Laura, que frecuentemente están a cargo de la atención, averiguan la clasificación del hogar accediendo al Padrón General de Hogares. El padrón, sin embargo, solo muestra si el hogar posee o no una clasificación socioeconómica, más no la clasificación específica. Esta información resulta indispensable para la ULE, pues permite filtrar a personas que ya hayan sido clasificadas como "pobre extremo" y que puedan estar tramitando de nuevo una solicitud. En la ULE de San Pedro, se recurre a una estrategia para subsanar esta falta. Los funcionarios revisan la base de datos del Programa Nacional de Becas y Crédito Educativo (PRONABEC), provista por ese organismo, con el fin de verificar los datos más recientes del solicitante. Cabe precisar que oficialmente las familias son las únicas autorizadas a conocer su clasificación socioeconómica, ingresando a una página web dispuesta por el SISFOH. Esta información es confidencial —una precaución del gobierno central— para evitar su "uso político" por parte de los gobiernos locales.[13]

Si el hogar del solicitante no aparece en el padrón, Karolina y Laura evitan todavía abrir un nuevo proceso para obtener la clasificación socioeconómica. La ULE de San Pedro implementó por su cuenta un registro en Excel de todos los envíos de información a la UCF. Este registro tiene una ventaja porque, a diferencia del padrón o de la base de datos del PRONABEC, muestra no solo si el usuario ha obtenido o no la clasificación socioeconómica, sino el estado en el que se encuentra su trámite. La experiencia ha enseñado al personal de la ULE que la gente olvida con frecuencia el trámite que realizó; el registro en Excel permite conocer, en última instancia, si alguien está duplicando el proceso.

¿Cuáles son las lógicas detrás de estas rutinas? Los burócratas de la ULE de San Pedro emplean estas bases de datos y construyen otra con el objetivo de sortear la incertidumbre que provoca la falta de información que brinda el usuario. El SISFOH dispone que los funcionarios utilicen el Padrón General de Hogares para conocer la situación de la persona. Sin embargo, no hay una manera automática de verificar si esa persona tiene una solicitud anterior; si esta ya se encuentra en trámite, esperando el empadronamiento; si

13. Por ejemplo, conocer quiénes son los pobres extremos en una localidad puede ser usado para focalizar las prácticas de clientelismo durante las campañas electorales.

la solicitud ya viene acompañada del empadronamiento y está en espera de la respuesta de la UCF; o si algún familiar de esa persona ya ha completado todo el trámite.

Esta incertidumbre puede generar equivocaciones, lo que a decir de los funcionarios redunda en una mayor carga laboral para la oficina. Cuando la información del hogar es digitada en el SIGOF, el mismo sistema —si no presenta ninguna falla— impide que una solicitud duplicada progrese. Se trata de evitar esfuerzos inútiles, como visitar a un hogar que ya ha sido empadronado. Adicionalmente, conocer de forma más precisa la situación del hogar con relación al sistema permite a la ULE plantear estrategias, considerando las condiciones de trabajo de los burócratas y las exigencias del nuevo calendario. Karolina y Laura tratan de determinar cuál es el trámite más adecuado para la oficina. En algunos casos, por ejemplo, el usuario ignora que solo requiere actualizar la clasificación socioeconómica cuando nace un nuevo miembro en la familia, en lugar de solicitar una nueva. Si el usuario conoce el procedimiento correcto, la ULE puede ahorrarse llevar a cabo un nuevo empadronamiento y limitarse a llenar los datos del recién nacido. Al igual que la consulta a otras bases de datos o la creación de un registro en Excel, esta última práctica tampoco está contemplada en la directiva del MIDIS ni en otras normas complementarias.

Es interesante cómo el conocimiento del usuario sobre su realidad es minimizado durante la interacción. Aunque conversaban constantemente con los usuarios —con un discurso primordialmente explicativo—, Karolina y Laura se limitaban a saludarlos cortésmente, mientras les pedían sus DNI para averiguar, con los nombres que aparecen en ese documento, cuál era el estado de su solicitud en los registros y bases de datos a los que accedían.[14]

---

14. Al parecer, se cumple lo resaltado por Law: en las rutinas burocráticas se trata de delegar relaciones sociales a soportes materiales (Law 2003).

La inscripción en el formato S100

María, empadronadora en la ULE de San Pedro

Joel, practicante en la ULE de San Pedro

Roberto y *Antonio*, funcionarios de la ULE de San Pedro, responsables de escribir los datos del S100

Bernardo, jefe de la ULE de San Miguel

Ternero, jefe de la ULE de San Pedro

Pedro, coordinador territorial

Una vez determinado cuál es el trámite que la persona debe realizar, se pasa a una segunda etapa donde se registra su información en el formato S100 ("Solicitud de clasificación o verificación socioeconómica"; véase anexo 2). En el trabajo de campo, en esta fase también pudimos observar una diversidad de prácticas por fuera de lo prescrito en la normativa, que podríamos dividir en dos: el modo en que los burócratas de las ULE llenan el S100; y la alteración del orden cronológico en el que debe ser completada esa solicitud y el uso de otros materiales en reemplazo.

El llenado del S100

Los funcionarios siempre exigen a las personas mostrar el DNI de cada uno de los miembros del hogar y los recibos de agua y luz. Aunque para la nueva directiva esto resulta innecesario, obligan además a entregar una fotocopia de estos documentos. Estas fotocopias son importantes no solo para la etapa de la inscripción, sino para fases posteriores, como el empadronamiento o la digitación; de esta manera, los burócratas pueden verificar la información plasmada físicamente a lo largo del trámite. Pudimos observar cómo María, una de las empadronadoras de la ULE de San Pedro, no podía avanzar con el llenado de la ficha de una anciana, pues la mujer no recordaba su edad. No fue sino hasta que Joel, el practicante, le pidió el DNI a la solicitante, que la información pudo ser completada. En esta misma oficina nos llamó la atención un hecho curioso: pese al esfuerzo que realizan los funcionarios por escribir en los documentos físicos los datos de los solicitantes (como el número de recibo de agua o del DNI), el personal encargado de la digitación solo "sube" los datos que aparecen en las fotocopias: el resultado es un cuidadoso trabajo doble.

El S100 contiene casilleros que el funcionario debe llenar con la dirección del solicitante y con alguna referencia que permita al empadronador ubicar fácilmente la vivienda. Durante la inscripción, estas referencias pueden abrir una brecha entre el usuario y el funcionario. En la ULE de San Pedro, por ejemplo, las personas daban indicaciones del estilo de "al costado de la casa verde", "por la canchita" o "frente a la palmera de aguaje", que los funcionarios consideran "malas referencias", pues no ayudan a los empadronadores a encontrar la vivienda. Para agilizar el trámite, Joel, Roberto y Antonio, que se turnaban a diario para llenar las solicitudes y a la vez cumplían la función de empadronadores, "guiaban" a las personas hacia referencias más familiares para ellos. De esta manera, basándose en su conocimiento de la localidad, trataban de crear una información que permitiera que los demás procedimientos necesarios para el envío de los datos fueran efectivos.

El S100 contiene además una sección que se debe llenar con la declaración jurada de los ingresos del solicitante, en la cual el funcionario debe indicar los "ingresos provenientes de negocios e inversiones de todos los miembros del hogar, en los últimos doce (12) meses, expresados en nuevos soles". Según los empleados de las ULE de San Miguel y San Pedro, e incluso de otras localidades, este cálculo es difícil de hacer cuando se trata de zonas rurales.

Ante la dificultad del solicitante al momento de brindar los datos para completar esta sección —y el retraso que ello supone para el trabajo del funcionario—, los jefes de algunas ULE han recurrido a ciertas estrategias. Por ejemplo, en la ULE de San Miguel, Bernardo dictaminó que los empleados preguntasen sobre el gasto diario en alimentación para, a partir de ello, poder realizar el cálculo. Los funcionarios aducen que al inquirir por el ingreso anual, es más difícil obtener una información fidedigna. Por su lado, en la ULE de San Pedro, los funcionarios llenan este cuadro con el monto de 1000 soles; cuando le preguntamos a Roberto por qué esta suma, nos respondió que "no sabía, eso lo decidió el ingeniero", refiriéndose a Ternero, el jefe de la ULE. Cabe recordar que presentar información falsa en una declaración jurada es una acción sancionada administrativa, civil y penalmente. Paradójicamente, la declaración jurada en el S100 —que vale también para el resto de datos recogidos en la ficha—, aparece en la sección donde vimos más manipulación de los datos del solicitante y más intervención del funcionario.

Algunas de estas prácticas documentales están incluso formalizadas en los manuales e instructivos y —como veremos más adelante— eran conocidas y toleradas por Pedro, el coordinador territorial. Otras, no obstante, solo pueden realizarse a escondidas del MIDIS. Además de priorizar los documentos oficiales y de "traducir" la información geográfica y económica proporcionada por los usuarios, los burócratas también "suplantan" al usuario, inventando los datos sobre el ingreso. Sea como sea, lo que llama la atención es cómo la intervención de los burócratas en estas prácticas facilita que la información circule y que se construyan los datos sobre la clasificación socioeconómica.

El uso de formatos caducos

Los burócratas parecen satisfechos con el S100. Para ellos, ese formato presenta una gran ventaja: reduce el "papeleo". No obstante, como todo nuevo procedimiento, tiene que ser aprendido. "Es tedioso", se quejaba Antonio. Y es que los constantes cambios en las directivas obligan a que los funcionarios tengan que ser continuamente capacitados, cuando muchos de ellos no disponen de tiempo. Probablemente el "tedio" dependa también del grado de experiencia: constatamos que los funcionarios que contaban con una carrera profesional, como los de la ULE de San Miguel, no parecían tener mayores dificultades al respecto.[15]

El hecho de que el S100 sistematice la información en un solo diseño incrementa el precio de estas hojas. Para los jefes de las ULE, se convierten así en bienes únicos que no hay que desperdiciar. Hemos señalado que los S100 no deben ser fotocopiados ni adulterados; poseen un número de serie, por lo que tienen que ser escritos siguiendo un orden determinado; deben ser, asimismo, archivados y guardados cuidadosamente en la oficina, por si se realiza una supervisión. El ingeniero Ternero, jefe de la ULE de San Pedro, nos explicó que la UCF remite un paquete de S100 cada cierto tiempo, pero

15. Se ha señalado que la política de simplificación administrativa ha propiciado la reducción del número de formatos. Si bien el S100 obedece a este objetivo, paradójicamente, genera nuevos reportes y registros. Diversos oficios, además del mismo S100, circulan desde la recepción hasta el envío de la información, al recibir los paquetes con las hojas mediante *courier* o cuando se realiza una declaración jurada sobre la validez de los mismos firmada por el jefe de la ULE y el alcalde. De este modo, un documento siempre se encuentra en la red de otros documentos: es referido y hace referencia, es generado y genera otros documentos, conectando actores y coordinando sus acciones, consolidando los distintos intereses de sus múltiples usuarios (Freeman y Maybin 2011).

que ese envío se detiene si la ULE no cumple con terminar de subir la información de los primeros formatos. La hoja del S100 representa una nueva forma de control: según la directiva 012-2015-MIDIS, estas solicitudes deben ser devueltas a la UCF.[16]

Para evitar malgastar estos papeles cometiendo errores, los burócratas de la ULE de San Pedro optaban por continuar utilizando los ocho formatos antiguos como borradores.[17] Durante la primera etapa de nuestra estadía pudimos comprobar cómo en esa oficina se atendía a los usuarios solo con esos formatos para registrar sus datos. Esto suponía, desde luego, un doble trabajo: como estos formatos no tienen ya validez, la información tiene que ser luego transcrita a los S100. Sin embargo, aun siendo obsoletos, eran importantes para lo que Ternero denominaba el "manejo interno".

El uso de estos formatos vencidos como "borradores" representa una ventaja para el empadronamiento, en un contexto de escasez de papeles y, sobre todo, de alto grado de desplazamiento de la población. Estos papeles obsoletos se pueden desechar y también fotocopiar, por lo que son más bien abundantes.[18] Durante el empadronamiento en San Pedro —que detallaremos más adelante—,

---

16. De este modo, el S100 crea una nueva "economía del papel", en la que los burócratas demandan, ofertan y administran este formato como un bien escaso (Hull 2012).

17. Es cierto que la situación de la ULE de San Pedro, con poco contacto con su coordinador territorial, parece agudizar la escasez de S100 y, por tanto, alentar el uso de formatos antiguos. En San Miguel, en cambio, pudimos observar que se utilizaba de forma usual el S100 para la inscripción de los potenciales beneficiarios; pero tampoco se seguía el orden de la serie. Al parecer, la comunicación y la confianza con el coordinador territorial de su región le evitaban los problemas de falta de formatos.

18. La vinculación entre burocracia y documentos no es nueva. Sin embargo, solo recientemente se ha rescatado el efecto autónomo de los documentos en las rutinas de los funcionarios (Hetherington 2011, Freeman y Maybin 2011, Hull 2012). La materialidad de estos instrumentos permite, alienta o

los empadronadores tenían en su poder tres documentos por cada solicitante: el S100, la FSU y el formato 01, engrampado a las fotocopias de los DNI y de los recibos de agua y luz. Es importante señalar que de los tres documentos, el formato 01 era el único que contenía los datos del hogar proporcionados por el solicitante que se había acercado a la oficina. De acuerdo con Antonio, Ternero les había indicado que solo completaran el S100 si encontraban al solicitante en su casa. Al parecer, el jefe de la ULE temía que si los S100 se llenaban en la oficina, se desperdiciaran, considerando que una buena cantidad de solicitantes no está en su casa al llegar el empadronador. Se prefiere, entonces, inscribir y empadronar al hogar al mismo tiempo.

Como se ha señalado previamente, otro de los propósitos del S100, además de reducir el "papeleo", es consolidar información que sirva como un primer filtro para el SISFOH, separando a los hogares "no pobres" de aquellos que aún necesitan un empadronamiento. Recordemos que el procedimiento oficial estipula que la información del S100 tiene que ser "subida" al SIGOF, el cual da paso a un reporte que autoriza a visitar la vivienda. Teniendo en cuenta esto, le preguntamos a Ternero si no corría el riesgo de hacer un empadronamiento en vano; qué sucedía si, al subir la información del S100 al aplicativo, el sistema indicaba que ese hogar no debía empadronarse. El jefe de la ULE nos contestó que como el SIGOF mandaba a empadronar en el "99 por ciento de los casos", bien se podía alterar el orden del procedimiento.

Por las entrevistas y acompañamientos que hicimos, podemos afirmar que llevar las solicitudes con los padrones es lo que casi siempre se hace. En esos casos, no ubicar a las personas en su hogar,

---

constriñe ciertas acciones en el sistema (Latour 1986, 1992; Akrich 1992; Davis 2015).

así como las dificultades que suponen los viajes, son factores que juegan en contra de los funcionarios.[19]

La alteración del calendario

Hemos explicado que la nueva directiva establece un calendario estricto para el envío de la información a la UCF. Los funcionarios tienen de 4 a 5 semanas para remitir información *consistente*, recogida a través de los empadronamientos. De no respetar el plazo, la UCF no solo amonesta al jefe de la ULE sino, lo que es peor, rechaza las solicitudes por considerarlas vencidas, perdiéndose el trámite y la información, pero también esfuerzo, tiempo y dinero. Este calendario es uno de los principales problemas para los funcionarios locales, pues los obliga a hacer coincidir sus plazos de trabajo con los del área de abastecimiento de su respectiva municipalidad.

Una acción que ayuda a sortear este problema es dejar de escribir la fecha de solicitud en el S100. En la provincia de San Pedro, esto permite a los funcionarios de las ULE cumplir con el calendario determinado por la UCF, incluso cuando al momento de presentarse la solicitud, no disponen de los medios necesarios para emprender un viaje o cuando este toma mucho más tiempo que el que estipula la directiva.

Como nos explicó Ternero, esta omisión de la fecha es otro "manejo interno". Durante nuestra estadía en la oficina observamos que en muy pocas solicitudes (tanto las del formato S100 como las de los formatos obsoletos) se había completado ese dato. Acompañando a Rodolfo, el empadronador de la ULE de otro distrito de la provincia de San Pedro, pudimos observar un patrón similar. Asimismo, el jefe de una ULE amazónica nos contó en una entrevista que él procedía de la misma manera.

---

19. Sobre estas condiciones, véase el capítulo 3.

Los jefes de las ULE juegan así con los plazos del S100 y la FSU: una vez que se encuentra la vivienda y se llena sus datos en ambos formatos, los empadronadores retornan con los documentos a la oficina, y recién entonces se coloca la fecha de solicitud en el S100, teniendo a partir de ella un plazo de 25 días hábiles. Como ya hemos señalado, los jefes de la ULE asumen que las respuestas del aplicativo a las solicitudes enviadas con frecuencia aprueban el llenado de la FSU.[20] Este nuevo calendario permite que la ULE dirija sus esfuerzos a subsanar los errores reportados por el SIGOF en el plazo de 25 días (el trabajo de oficina), dejando las labores de empadronamiento para una etapa previa (el trabajo de campo).

Cuadro 2
CALENDARIO DEL FLUJO DE INFORMACIÓN EN SAN PEDRO

PROCEDIMIENTO	TIEMPO DE PLAZO
Desde la presentación de la solicitud hasta el envío de la información del S100 en el aplicativo SIGOF	>10 días (si la fecha es colocada el mismo día)
Desde el envío de la información del S100 al SIGOF hasta el envío de información con los datos de la FSU	10 días hábiles
Desde la respuesta de la UCF sobre la consistencia de la FSU hasta su reenvío definitivo a la FSU (en caso haya correcciones)	5 días hábiles

Fuente: Elaboración propia.

20. Es importante mencionar que, según la última directiva, el personal de los programas sociales también debe llenar el S100 cuando visita una localidad. Ello genera, tal como indica Ternero, muchas descoordinaciones. Así, los "manejos internos" de la oficina de la ULE para evitar los retrasos en su rutina se resquebrajan.

La alteración de la secuencia temporal del S100, la forma en que los datos son recopilados o su suplantación por otros nos demuestran que para los funcionarios de las ULE, el S100 no solo cumple el papel de medio de información, sino, sobre todo, de artefacto: un objeto material con el cual ejercen sus rutinas, siguiendo a Freeman y Maybin (2011). Para estos autores, los documentos no son solo portadores de mensajes que tienen que ser codificados, ni son solo interpretados como reproductores de discursos y patrones de pensamiento. Mediante los documentos, los funcionarios tratan de "capturar acciones pasadas" a través de documentos registrales, de "capturar acciones futuras" a través de documentos prescriptivos, y de "sincronizar diferentes tiempos y espacios" a través de formatos. En ese sentido, en su calidad de formato, el S100 (y como veremos a continuación, la FSU) sincroniza diversos tiempos y espacios de los individuos. Así, simplifica la información —permite reducirla en pocos números y categorías—, para que pueda ser luego manejada y transportada por los funcionarios de una manera que permita la fluidez de "información suficientemente real" en el SISFOH. Sin embargo, para que esto suceda, requiere de la "artesanía" de los funcionarios, mediante prácticas que hagan adaptable el uso de los documentos, teniendo en cuenta las exigentes condiciones sociales e institucionales en las que se hallan.

El empadronamiento

Ternero, jefe de la ULE de San Pedro

Antonio, empadronador de la ULE de San Pedro

Yolanda, empadronadora de la ULE de San Pedro

Rodolfo, jefe y empadronador de la ULE de Coronel Domínguez, provincia de San Pedro

El empadronamiento no es una etapa posterior al llenado del S100, sino la denominación general del trabajo de campo que realizan los funcionarios durante sus visitas a las viviendas de una localidad. Como hemos señalado, los burócratas de las ULE suelen cargar frecuentemente el S100 y la FSU al mismo tiempo.

Sabemos que en las municipalidades estudiadas, el marco institucional es precario y no se prioriza el área de la ULE; la situación es aún más penosa en los municipios distritales. Los funcionarios no controlan los recursos para realizar el trabajo de campo. Estos viajes, la mayoría de ellos a través de embarcaciones alquiladas por los municipios, son muy costosos. En San Pedro, además, pueden durar hasta 15 días, dependiendo del centro poblado al que se quiera llegar.

Para llevar a cabo las salidas al campo, los jefes de las ULE suelen entonces negociar con las autoridades y aprovechar sus contactos en la institución. Tienen también estrategias que permiten recoger la información en el plazo más corto. Por ejemplo, en San Pedro, el ingeniero Ternero ha dividido su jurisdicción en cuatro sectores (sureste; suroeste; noreste; noroeste), y ordena las solicitudes de acuerdo con esta división. Anticipadamente, averigua las dificultades geográficas y, por tanto, logísticas, lo que le permite calcular mejor el estipendio, la gasolina y otros recursos.

Al igual que Karolina y Laura durante la atención, los empadronadores apelaban a prácticas que tendían a minimizar la colaboración de las personas. Antes de nuestra salida al campo en San Pedro, ya Antonio nos advirtió de no hacer preguntas que "botarán inconsistencias" en la digitación. Así, por ejemplo, es un error del empadronador (estipulado en los mismos manuales), preguntar a una solicitante sobre el idioma que aprendió a hablar su niño de tres años, cuando ese niño ya habla.

Acompañando a Gonzalo y a Antonio en su recorrido por centros poblados cercanos a San Pedro, comprobamos que lo primero que hacían en cada entrevista, era llenar los datos del S100 y de la FSU con los DNI de los miembros de la familia y los recibos de agua y luz del hogar. Podían pasar 25 minutos sin que hubiera un solo intercambio de palabras. Los datos que recogen son la información más fidedigna de que disponen. En San Miguel, donde el acopio de información se hace en quechua, las preguntas también eran escasas: se dejaban para el final, empezando siempre por las secciones de la FSU que dependen de la observación del funcionario.

El parafraseo

Cuando comienza el diálogo, el patrón común es parafrasear las preguntas. Ello lo observamos en todos los empadronamientos, tanto en las localidades surandinas como en las amazónicas. Así, las preguntas generalmente se "traducen". Por ejemplo, en vez de preguntar si se tiene un vehículo motorizado, Rodolfo, el empadronador de una ULE distrital de la provincia de San Pedro, decía: "¿tiene usted peque-peque?". Se efectúan también preguntas dirigidas: en vez de enumerar una por una las alternativas sobre el tipo de propiedad de la vivienda, Yolanda, una de las empadronadoras de San Pedro, preguntaba: "¿Esta casita es de usted?", para luego buscar entre las alternativas, aquella que consideraba más cercana a la respuesta brindada. Lo mismo sucedía con las preguntas sobre el material de construcción. Del mismo modo se hacían preguntas en las cuales solo se mencionaba directamente una de las alternativas: "¿Se dedica a la agricultura el señor?"; ¿Sabe leer y escribir la niña, no?"; ¿Los cuatro niños tienen desayuno escolar?", esto último para saber si ya eran beneficiarios de algún programa social.

Con este parafraseo, los empadronadores buscan, en primer lugar, no fatigarse mencionando cada una de las alternativas y ahorrarse un valioso tiempo para poder cumplir con menos esfuerzo la meta que les traza el jefe de la ULE. Pero también se ahorran situaciones que no favorecen su labor: un lenguaje enrevesado, no recordar cada una de las alternativas o la imposibilidad de encontrar alguna que se ajuste a su realidad, son hechos que provocan entre los encuestados silencios, si no incómodos, por lo menos perjudiciales para la tarea del empadronador.

Esta situación la pudimos comprobar en carne propia. Durante el viaje, Antonio nos permitió apoyarlo en el empadronamiento, entrevistando a una familia cuya vivienda quedaba cerca de nuestro hospedaje. Cuando comenzamos con las preguntas leyendo las alternativas de forma literal, notamos una demora en las respuestas, que nos obligó también a parafrasear tanto la pregunta como las alternativas. Aunque las siguientes entrevistas tomaron tiempos distintos, lo más frecuente era recibir respuestas más rápidas cuando la pregunta se parafraseaba.

La discrecionalidad: entre el engaño y la empatía

Sería un error afirmar que los empadronadores no respetan lo estipulado por los manuales y directivas del SISFOH. Finalmente, se trata de un trabajo monitoreado por el jefe de la Unidad. Esto, desde luego, no debe llevarnos a negar que los funcionarios puedan apuntar datos falsos o dejarse engañar por la población. Si bien la presión política no llega a interferir en su labor, sí tienen un espacio para desarrollar prácticas por fuera de lo determinado por el MIDIS: desde emprender ciertas acciones para reducir su carga laboral, hasta registrar y empadronar siguiendo una concepción "propia" de la pobreza. Por otra parte, los funcionarios pueden llevar a cabo las prácticas fijadas por el SISFOH, pero en un sentido distinto: para evitar conflictos con la población.

Durante el acompañamiento en San Pedro, fue común ver que Yolanda y Antonio solo realizaban las visitas en la sala-comedor de la vivienda. Aunque ese espacio incluye a menudo las hamacas donde la gente duerme, haciendo a la vez de dormitorio, en otras casas la organización es distinta, y aun así, ninguno de los dos inspeccionaba las habitaciones. Los empadronadores solo se guiaban, entonces, por la entrevista. En este caso, la veracidad de los datos dependía de los encuestados. Por otro lado, no siempre las entrevistas se hacían en las viviendas: pudimos observar cómo un empadronador entrevistaba a una persona en la bodega de una familia a la que se había empadronado minutos antes. Esta práctica puede deberse a la necesidad de cumplir a como dé lugar con el empadronamiento: en un contexto donde la gente se desplaza mucho, es preferible empadronar a la persona en cualquier lugar, que ir a su vivienda y no encontrarla. En la Amazonía, por otro lado, las distancias entre una vivienda y otra son grandes, y siempre se corre el riesgo de no encontrar al solicitante, que por lo demás desconoce la fecha y hora de la visita.

En esa línea, tuvimos la ocasión de presenciar una práctica muy novedosa. Al llegar al centro poblado de San Mateo, a dos horas de la capital provincial, Yolanda y Antonio idearon la estrategia de convocar a quienes habían solicitado el empadronamiento en la ULE de San Pedro, valiéndose de los altoparlantes de la municipalidad. Pronto, una gran cantidad de personas, mayormente mujeres, se acercaron a nuestro hospedaje. Poco después vimos a Antonio, que había traído su moto, dirigiéndose a la vivienda de una de las solicitantes, con ella de copiloto, para realizar la entrevista. En un centro poblado donde las calles no tienen cartel con su nombre y las viviendas no están numeradas (aun si estos datos sí figuren en los documentos), tener información directa es una gran ventaja para el desarrollo de la rutina. Por otra parte, la fatiga y el temor de hacer un viaje inútil y de desperdiciar tiempo y recursos –la municipalidad retribuye el combustible tardíamente y los estipendios son escasos–, o simplemente el deseo de evitarse más trabajo, pueden inducir a los empadronadores a dejar de visitar las viviendas que se encuentran más alejadas. Al final de nuestra jornada en San Mateo, los dos empadronadores debatían incluso si debían o no continuar el viaje; había centros poblados, cruzando el río, donde solo se necesitaba empadronar a una persona. "Por mí, lo escribo y ya", afirmaba Antonio sobre firmar la notificación de ausencia de esas personas, es decir, asegurar que no se las había encontrado en su vivienda, cuando en realidad no se las había visitado.

Además de llevar a cabo prácticas para disminuir su trabajo, los burócratas de las ULE suelen ejecutar algunas que buscan rescatar las concepciones locales sobre la condición de pobreza. En todas las ULE estudiadas, los funcionarios se quejaban de la "mala clasificación" del INEI en los empadronamientos que ese organismo había realizado. "Fue un desastre", recordaba Antonio. "En un caserío cercano, la población aparece como no-pobre, aunque *sabemos* que se dedica solo a la pesca". Comentarios similares se escucharon en muchas entrevistas. Las quejas apuntaban tanto a los resultados de la clasificación socioeconómica como a los procedimientos. Frente a esto, algunos funcionarios (como Rodolfo) trataban de recoger en la FSU la condición de pobreza que ellos consideran "más verdadera", empleando para ello sus propios "métodos".

El empadronamiento de Rodolfo

Aunque los motivos de los burócratas son difíciles de determinar, lo cierto es que en nuestro trabajo notamos que estas prácticas documentales llegan a provocar situaciones de empatía. A veces el funcionario se coloca del lado del usuario, partiendo de su conocimiento de la realidad local y mimetizándose con la población.

Durante nuestra observación a la ULE de San Pedro, pudimos contactarnos con algunos jefes de las Unidades distritales, quienes cotidianamente visitan la oficina de San Pedro. Casi todos son burócratas que no disponen de una oficina de enlace en la capital provincial. Llegan a la ciudad en búsqueda de una cabina de internet para realizar los envíos (dada la limitación de infraestructura en sus localidades), para conocer de boca de Ternero cualquier novedad en la normativa, o para asistir a charlas y capacitaciones. Así, un día conocimos a Rodolfo, el jefe y en aquel entonces único trabajador de la ULE de Coronel Domínguez. Después de presentarnos, nos permitió visitar su distrito, a cuatro horas por río.

El trabajo de campo de Rodolfo comenzaba a primeras horas del día, después de un viaje en peque-peque que, dependiendo de la distancia del caserío, podía durar de 2 horas a 5 días. Durante nuestra visita, lo acompañamos en un viaje corto a un centro poblado cercano. Era época de inundación; por los papeles que cargaba, la visita a cada vivienda –situada a una distancia considerable de la siguiente– se hacía peligrosa. El jefe-empadronador tenía muchos documentos bajo el brazo, tanto los S100 como las FSU: ese día, planeaba entrevistar a todos los hogares del pueblo.

Rodolfo empezó la visita a cada hogar con el llenado del S100. Cuando sus miembros tenían el DNI, transcribía los datos de ese documento, y lo mismo sucedía con los recibos de agua y luz. Para el cálculo del ingreso anual, optaba por el siguiente procedimiento: instaba a la persona que lo estaba atendiendo a pensar en su recaudación luego de la campaña agrícola (es decir, en lo que había vendido), y luego a deducir la inversión que había hecho (en abono, semillas, etc.). Más tarde, cuando le preguntamos por esta forma de averiguar el ingreso, nos respondió que así se acercaba "a la realidad crítica del caserío".

Su trabajo prosiguió con la visita a los hogares que en años anteriores habían obtenido una clasificación de "no pobre" del INEI. Rodolfo trataba de colocarse del lado de los usuarios: "Si tiene una clasificación de no pobre, hay que ir a verificar". Procedía entonces a abrir una nueva solicitud para la familia, llenando los datos en el S100. Cuando llegaba el momento de completar la FSU, Rodolfo realizaba una serie de re-repreguntas. Por ejemplo, ante la pregunta de si el hogar dispone de electrodomésticos, cuando la persona contestó afirmativamente, Rodolfo replicó: "¿pero usted se lo ha comprado?", ante lo que lo cual la informante –una mujer de mediana edad– respondió que no, que era una refrigeradora usada que le había regalado su nieta, que vive en la ciudad. Ante ello, Rodolfo optó por marcar finalmente el "no" en el casillero correspondiente. Rodolfo nos dijo luego que en esos caseríos el sistema cree que "por tener estas cosas dejan de ser pobres" y que "no es así, no tienen plata para pagarlas". Durante la visita pudimos notar un trato que linda con lo cotidiano. Advertimos que Rodolfo conoce a estas personas, pues son vecinos suyos con los que mantiene relaciones amistosas.

En la ULE de San Miguel, la situación es diferente. Aquí, más bien, Bernardo, Gonzalo e Ignacio ejecutan prácticas que si bien no riñen con el MIDIS, ya no son necesarias para construir "información suficientemente real" para el sistema. Desde que el MIDIS emitió la directiva 012-2015, entró en desuso, por ejemplo, la acción de tomar fotos y enviarlas a la UCF. No obstante, en cada visita que acompañamos, los tres empadronadores continuaban fotografiando la vivienda por afuera, las habitaciones, la cocina y sus implementos, e incluso al solicitante sosteniendo su FSU ya llenada. Esta práctica obedece al temor que se tiene en la oficina a cualquier reclamo de la población (como veremos en el capítulo siguiente, en esta provincia las personas presionan fuertemente ante lo que consideran "una injusticia"). Estas imágenes, por lo tanto, respaldan la información y sirven de argumento. Durante nuestra estadía, pudimos observar cómo ante cualquier reclamo sobre si se había hecho o no la visita o sobre la clasificación socioeconómica, los funcionarios mostraban estas fotografías, que eran una información "suficientemente real" para la gente. Si el reclamo persiste, los burócratas cierran la discusión señalando que ellos no son los responsables de los resultados, que "es Lima quien tiene la culpa"; es decir, recurren al argumento de que la ULE está subordinada al gobierno central.

Todas las prácticas descritas evidencian que los funcionarios lidian con diferentes actores y situaciones,[21] y que no solo buscan cumplir con el mandato del SISFOH, sino abreviar su trabajo, considerar las concepciones de pobreza de quienes visitan o evitar problemas con la población, entre otros aspectos. Esto se permite porque la información que requiere la UCF *solo* tiene que ser suficientemente real. Si, por un lado, los "candados" del SIGOF supervisan que la información no sea un cuento, por el otro, no recogen todos los aspectos de la realidad. De este modo, ofrecen todavía un espacio para la discrecionalidad de los actores locales.

La digitación

Carla, funcionaria del MIDIS
Ternero, jefe de la ULE de San Pedro
Micaela, empadronadora de la ULE de San Pedro
Bernardo, jefe de la ULE de San Miguel
Karolina, responsable de la atención en la ULE de San Pedro

21. Hay otras prácticas que no pudimos analizar por falta de tiempo. En San Pedro, cuando comenzamos a apoyar a los empadronadores en el llenado de las FSU, ellos nos sugirieron marcar "por defecto" la casilla "jefe de hogar" para el "marido de la señora". En otras cuestiones, se asume siempre que los agricultores son "trabajadores independientes".

La digitación es la etapa "bisagra" del proceso, en la que la realidad local —la información construida a partir de las prácticas de los burócratas locales y de los datos provistos por la población— se encuentra con el SISFOH, y con su diseño automatizado y sistematizado en el SIGOF.

Los digitadores "suben" al sistema la información que se recoge en el S100, en la FSU y en los DNI y recibos de servicios. Tal como explicamos antes, estas personas lidian con una interfaz que divide el procedimiento en dos etapas: en la primera se suben los datos de la solicitud; y en segunda se registra la información de la familia y la vivienda. Una vez hecho el envío, el SIGOF provee de hojas de respuestas donde se indican los posibles "errores" que hacen que la información sea "inconsistente". A partir de allí, el trabajo de la ULE consiste en corregir esos "errores", "levantar inconsistencias" y enviar nuevamente la información a través del programa. De esta manera, la oficina espera reducir el número de "pasivos", los documentos pendientes de ser subsanados, y enviarlos para la obtención definitiva de la clasificación socioeconómica.

Los "filtros" o "candados" que tiene el SIGOF para validar la consistencia de la información son los ejes alrededor de los cuales giran todas las rutinas de la ULE. En palabras de Carla, una funcionaria del MIDIS, los "candados" incentivan a las ULE a realizar un "mejor trabajo"; esto es, a tener más cuidado en la digitación de los datos que recopilan de los usuarios. En efecto, muchas de las observaciones que realizamos en ambas ULE tenían que ver con el trabajo que hacían los funcionarios para corregir sus errores, cuando escribían con prisa u olvidaban llenar partes importantes de las fichas. En San Pedro, por ejemplo, registramos las quejas de Ternero a varios empleados por no cumplir con "profesionalismo" su tarea. En una reunión pudimos asimismo observar cómo ese jefe increpaba a Micaela, una de las empadronadoras, por su "falta de compromiso":

la "falta de dedicación" al apuntar los datos se traducía "en más pasivos", en otra palabras, en una acumulación de fichas por enviar debido a que los filtros del SISFOH no aceptaban la información.

No obstante, detrás de la presión por mejorar el desempeño laboral hay una exhortación a poner en marcha las prácticas relatadas a lo largo de este capítulo. Realizar un "mejor trabajo", tanto para la UCF como para las ULE, consiste en garantizar que la información recogida sea "lo suficientemente real" para que pueda circular por el sistema y funcionar para otras prácticas (Law 2009). Los candados se abren únicamente si la información es válida para la UCF; como todo sistema que busca recoger datos sobre la base de un "sustento científico" (desde censos estatales hasta encuestas mercadotécnicas), la verdad de la información se sustenta ante un abanico más amplio y legítimo de actores y prácticas. En ese sentido, y parafraseando a los "pragmatistas", la verdad de la información demográfica es menos el espejo de la realidad que la justificación de un enunciado (Rorty 1996).[22]

Expertos y algoritmos

El ejemplo paradigmático de la construcción de información sigue siendo la elaboración del algoritmo, que no ha sido analizada, dado que

22. La literatura sobre la teoría del actor-red (ANT, por su sigla en inglés) nos ha enseñado que estas prácticas ocurren en instancias supuestamente poco proclives a la interferencia humana, como el laboratorio científico: el científico no "descubre" la verdad; esta no podría enunciarse sin apoyarse en la tradición argumentativa del discurso científico y en el uso paramétrico de los instrumentos (Latour 2012: 36-40). En perspectiva comparada, los Estados poseen "mejores" sistemas de clasificación de pobreza en tanto se acoplan de manera más eficiente a una red de objetos y personas, que incluyen bases de datos, metodologías con mayor validez y opiniones de expertos. Para un ejemplo de aplicación de esta perspectiva en una encuesta como el Eurobarómetro, véase Law 2009.

este libro prioriza el trabajo de los burócratas de la calle. La creación de un algoritmo siempre implica cierto grado de discrecionalidad, pero esta es necesaria para determinar los criterios de pobreza bajo los cuales se clasificará a la población. Con este objetivo, recién creado el MIDIS, se convocó a expertos en el manejo de bases de datos y en el análisis de estadística social para conformar dos grupos: uno de gestores públicos de los sectores salud, trabajo y economía; y otro de académicos provenientes de think tanks *que estudian políticas sociales. Estos grupos no constituían una comisión consultiva "oficial", pero era con ellos con quienes se revisaban los avances en la elaboración del algoritmo.*

La línea de pobreza trazada por el nuevo algoritmo del SISFOH es una línea basada en carencias. Construir un algoritmo con este concepto de pobreza parte de una decisión del gobierno: la idea es brindar los beneficios de los programas sociales a todo aquel que posiblemente los necesite, evitando la subcobertura y las filtraciones. Finalmente, el motivo detrás de la creación y aplicación centralizada del algoritmo es establecer "candados" que aseguren la mayor precisión posible en el proceso de clasificación, e impedir un "manejo político" de los programas sociales, especialmente aquel que se pueda dar en el ámbito local.

Los gestores públicos y académicos aportan criterios que parten de su experiencia, lo cual permite moldear el sistema a la política que emprende el gobierno. De esta manera, los modelos técnicos incluyen razonamiento humano (Srnicek 2014). No obstante, posteriormente el algoritmo se convierte en una "caja negra" (Callon y Latour 1981), es decir, en un instrumento compuesto de parámetros que no necesitan ser reconsiderados por otros actores en otras instancias del sistema, como los funcionarios del área de tecnologías de la información. Estos funcionarios solo se limitan a aplicar el instrumento. Si bien "una caja negra nunca está del todo cerrada" (Callon y Latour 1981), lo cierto es que solo está abierta para ciertos actores, en este caso, para los expertos que puedan ajustar el algoritmo. Esto revela la naturaleza múltiple de los elementos en el funcionamiento del sistema. Mientras que en un momento el algoritmo es una obra participativa para expertos, en otro es una herramienta de trabajo para funcionarios.

A medida que los procedimientos que validan la información son más automáticos, son menos discutidos, conformando lo que se conoce como "caja negra". Sin embargo, tal como se mencionó, el SISFOH es aún un sistema en construcción, que se apoya en una infraestructura estatal todavía frágil. Esta "debilidad" visibiliza las prácticas que los funcionarios realizan para que la "información suficientemente real" fluya y sea procesada. Errores en el programa, descoordinaciones entre instancias nacionales y locales, y dificultades para el emparejamiento de las bases de datos nacionales provocan que el proceso para sustentar la información parezca más arbitrario y más orientado a la fluidez de la información que a reflejar la realidad "tal como es".

Los "errores" de la UCF

Pese a que el sistema ha procurado automatizar las respuestas de la UCF sobre la clasificación socioeconómica, casi todos los funcionarios de las ULE que entrevistamos se quejaban de que ellas no llegan a tiempo. En la ULE de San Pedro, Antonio se lamentaba de esta situación: "a veces desde la UCF nos dice 'inconsistente', pero lo volvemos a mandar y es igual. Creo que es porque la UCF nos pone trabas". En esta provincia, algunos envíos esperaban su respuesta desde mayo de 2015. En varios distritos de San Miguel los problemas eran similares. En uno de ellos, los retrasos habían sido un inconveniente para los solicitantes de Beca 18; en otro, esperaban aún la respuesta a 62 solicitudes. En la ULE de San Miguel, desde hacía varios meses se estaba a la espera de que la UCF enviase los resultados.

Para Bernardo, este retraso tiene una causa identificada. Según le contaron, "existen cajas con expedientes que los abogados de Lima quieren revisarlas y arreglarlas por su cuenta para no perder más tiempo". Durante el trabajo de investigación no pudimos averiguar el motivo de esta demora, aunque probablemente, como señala Bernardo, se deba al propósito de la UCF de mejorar la información, por sus propios medios. Por cierto, en una de nuestras visitas a la oficina de la UCF, pudimos observar cajas amontonadas, esparcidas por todo el espacio. Era evidente que esta documentación provenía de las municipalidades del país. Mucho de este "papeleo" había sido enviado antes de que la nueva directiva del MIDIS redujese el número de documentos necesario. Estos papeles tenían documentación incompleta o mal registrada. En ese sentido —nos comentó Carla—, la UCF también acumula "pasivos" que la retrasan, mientras sigue recibiendo solicitudes de las municipalidades. Sea como sea, sorprende que en este caso la validez de la información se asegure no tanto con una corrección y supervisión directa de los datos, sino con el trabajo que hace la UCF con los datos de personas que viven a cientos de kilómetros de distancia.

También hay errores en el aplicativo informático. En la ULE de San Pedro, Karolina nos comentó que el aplicativo SIGOF no guardaba la información, y que además "botaba" una incompatibilidad entre la relación del jefe de hogar y su pareja: mientras que en la digitación de los datos del primero era posible establecer la relación de "cónyuge", no sucedía lo mismo cuando se digitaba los datos de su pareja. En esta misma ULE, no supieron cuáles eran las "inconsistencias" que causaban los retrasos hasta que consultaron con el coordinador territorial. En uno de los distritos de la provincia de San Miguel, el jefe de la ULE se quejó de que las fichas eran devueltas "sin saber por qué". Por último, los errores también son "materiales": un gran porcentaje de las fichas "rebotadas" por el sistema, que tenían que ser subsanadas por la ULE de San Pedro, habían sido enviadas por la UCF con el código de otro distrito. Frente a estos errores, que hacen aún más arbitrarios los "candados" que determinan si la información recogida es válida, los funcionarios no pueden hacer mucho. No obstante, a veces recurren a ciertas tácticas para salvar la información reunida en la FSU. Karolina, por ejemplo, llenaba el casillero sobre el estado civil de la persona con la categoría "no aplica", para que la información lograse "consistencia".

La incompatibilidad entre bases de datos nacionales

La distancia entre la información validada y la realidad se percibe también en el cruce de información con bases de datos nacionales. En este cruce de variables se distingue de forma más palpable la intervención de los funcionarios en la construcción del dato.

La seguridad que tiene la UCF de obtener información confiable por su propia cuenta se funda en el hecho de que gran parte de los datos demográficos que se utilizan para la clasificación socioeconómica proviene de las bases de datos que maneja el gobierno central. Aun así, la UCF requiere que las ULE recopilen información actualizada de las personas: estos datos sirven para filtrar a un segmento de la población aplicando el S100; al digitarse la información en el aplicativo SIGOF, este debe brindar una respuesta casi automática.

No obstante, esta expectativa solo se cumple parcialmente. En las ULE de San Pedro y San Miguel, pudimos comprobar que los funcionarios tienen problemas para subir los datos al aplicativo. Ternero nos comentó el "conflicto de información" entre el S100 y la FSU que él había presenciado: mientras que algunos nombres eran válidos durante la primera etapa de la digitación, cuando se "subían" los datos de las FSU, el SIGOF reportaba esos mismos nombres como "inconsistentes". Se contrastó entonces de nuevo y con minuciosidad lo escrito en las fichas, en el S100 y en las copias de los DNI de los solicitantes: la información era idéntica. El problema era tan grave que Ternero solicitó al programa Juntos la base de datos del RENIEC (más completa que el Padrón General de Hogares y que la base del PRONABEC). En ese banco de datos, además de la información personal, aparece si una persona se encuentra viva; se dio con la sorpresa de que los solicitantes habían fallecido recientemente. La dificultad radica en que la segunda interfaz del SIGOF (donde se suben los datos de la FSU), a diferencia de la primera, utiliza la base del RENIEC, más actualizada. El ingeniero Ternero se quejó: "Nosotros debemos tener esto".

Lo mismo sucede con otros cruces. Para los funcionarios de la ULE de San Pedro resulta indispensable la tabla de centros poblados del distrito capital proporcionada por su coordinador territorial, que contiene información "más actualizada". En realidad, se trata de información que proviene de la base de datos del INEI con la que, de forma más reciente, trabaja el sistema. Y es que, por ejemplo, San Pedro, de acuerdo con la base de datos del MIDIS, es un "pueblo", pero si se sube información de un hogar con ese dato, el aplicativo (mediante sus "candados") la rechaza, porque trabaja con los datos del INEI, para quien la categoría adecuada es "ciudad".

Esta incompatibilidad entre bases de datos nacionales, y lo que hacen los burócratas locales para sortearla, también muestran lo artificial que es la construcción de los datos. Los "candados", que son las "reglas de consistencia", se abren solo para la información que se correlaciona con la base de datos que emplea la UCF en un tiempo determinado, ajeno al tiempo en el que se encuentran los funcionarios locales y la población. Frente a este retraso, o falta de actualización, los funcionarios tienen que intervenir en el proceso de construir la información, de tal forma que los datos que recogen y con los cuales trabajan puedan fluir hacia la UCF.

Los intermediarios: entre la UCF y la práctica cotidiana

Llegado a este punto, el lector puede tener la impresión de que el SISFOH personifica un nuevo caso de desencuentro entre la norma oficial y la práctica "informal", lo cual sería poco novedoso en un Estado débil para asumir la supervisión y el control, incluso de su propia burocracia. De hecho, las inspecciones a las ULE a cargo de las UCF son solo esporádicas. A pesar de las sanciones a cualquier gestión que escape a lo estipulado por la normativa y la posibilidad de fraude, los coordinadores territoriales no se dan abasto para monitorear cada uno de los distritos de su jurisdicción.

Esta imagen —la de lo formal en el gobierno central y lo informal en lo local— no es del todo exacta. En primer lugar, las ULE, incluso con sus prácticas no estipuladas, sí se guían por las reglas del gobierno central, aun cuando estas disposiciones (y sus cambios) a menudo solo se divulgan en comunicados y no se oficializan. Es difícil hablar de un contraste cuando recién se están "normalizando" algunos procedimientos. Por otra parte, la UCF, al ser parte del Estado, es una organización que se ha regido por reglas formales —entendidas como creadas, comunicadas y ejecutadas a través de canales aceptados como oficiales (Helmke y Levitsky 2004). No obstante, el carácter "oficial" de estas reglas es atípico, pues son comunicadas solo en fueros internos. Por ello, el orden organizacional de la misma oficina era "aformal" (Gandolfo 2013).[23] Durante nuestra

23. *Formless* es el término original. La traducción exacta es "informe" (en el sentido de "sin forma"), pero consideramos que el término "aformal" es más adecuado para hablar de documentos.

investigación, este orden todavía no estaba estipulado en ningún documento oficial.

La UCF: una historia institucional

A inicios del 2016, la UCF no tenía una organización formal dentro del ministerio. La definición más cercana que nos proporcionó un funcionario fue la de un "órgano de línea" de la Dirección General de Gestión de Usuarios (DGGU). No obstante, la UCF sí poseía una organización interna, dado que sus acciones estaban divididas en tres áreas principales desde el inicio de sus operaciones dentro del MIDIS en el 2013. En primer lugar estaba el área de fortalecimiento de capacidades de las ULE, encargada de asistir a las municipalidades en sus labores de empadronamiento. En un primer momento esta asistencia se realizaba de manera centralizada desde Lima, lo cual cambió posteriormente con la descentralización de coordinadores territoriales ubicados en cada región. En segundo lugar figuraba el área de atención a usuarios, encargada de atender las solicitudes y los reclamos de los beneficiarios de programas sociales. En tercer lugar, el área de tecnologías de la información, encargada de procesar las fichas de empadronamiento que recibe la UCF. Esta última área está compuesta por funcionarios que se ocupan de aplicar el algoritmo de clasificación socioeconómica y de transmitir los resultados. Ellos no tienen mayor injerencia en la clasificación, ni pueden manipular los resultados obtenidos por el algoritmo.

Este orden interno no formal o "aformal" de tres áreas no estaba señalado en ningún documento oficial. No obstante, se mantuvo durante años debido a que, en palabras de un funcionario, "todos saben qué hacer", y de alguna u otra manera se "institucionalizó": pese a no tener existencia formal en documentos oficiales del ministerio, las funciones y los procesos de cada área fueron inscritos en documentos internos, como manuales y formatos. En ese sentido, inscribir este ordenamiento no formal en documentos, a pesar de que estos no eran oficiales, permitió su estabilización (Law 2003).

En segundo lugar, las rutinas descritas parecen revelar que las disposiciones "técnicas" que buscan recoger y procesar la información poblacional necesitan, sin proponérselo, de la intervención y agencia de los funcionarios locales para ser efectivamente aplicadas.[24] Las reglas de la UCF y las rutinas de las ULE no representan necesariamente intereses contrapuestos. Muchas de las prácticas "informales" que hemos descrito no son disfuncionales al sistema. Por el contrario, aunque parecen saltarse las normas, son necesarias para el primer objetivo del sistema, que es obtener "información poblacional suficientemente real".[25] Como dijimos, algunas prácticas en las que es visible la intervención del funcionario para crear información figuran, incluso, en las directivas y manuales internos.

En tercer lugar, las prácticas que, siendo funcionales, no están prescritas y alteran directamente lo estipulado en los manuales y directivas, son protegidas, alentadas, comunicadas e, incluso, instauradas por la propia UCF, concretamente por sus coordinadores territoriales, que usualmente son considerados más "técnicos" y apegados a la norma que sus pares locales. Los jefes de las ULE nos comentaban que estos funcionarios, conscientes de los problemas de los burócratas locales, son hasta cierto punto tolerantes con las rutinas que escapan a la norma, siempre que el objetivo sea que la información continúe fluyendo.

---

24. Sobre esta simbiosis entre el conocimiento técnico del Estado y el conocimiento local, véase Scott 1998.

25. Para una propuesta similar, aplicada al caso del Sistema Nacional de Inversión Pública (SNIP), véase Gálvez y Urrutia 2016.

Los coordinadores territoriales

Hemos visto que los coordinadores territoriales cumplen funciones de capacitación, supervisión (muy importante, aunque escasa), y sobre todo de asesoramiento. Estos funcionarios hacen capacitaciones de todo tipo: desde explicar el manual del empadronador (que a decir de uno de ellos, es el primer paso de cualquier funcionario de una ULE), hasta enseñar las nuevas directivas del SISFOH. Esta labor tiene, no obstante, sus límites.

Pedro, coordinador de la región vecina a la que visitamos, se lamentaba al respecto. Para él, las capacitaciones muchas veces caen en saco roto. Nos contó con resignación que las "intromisiones políticas" hacen que se contrate con frecuencia a un personal poco calificado, y que por la alta rotación del personal en las municipalidades, "tiene que enseñar [a una ULE] una y otra vez lo mismo [...] y así [...] hay unas ULE que avanzan, pero otras cambian de gente y tienes que volver a capacitarlos". Así, a veces los coordinadores regionales auxiliaban a los funcionarios locales cuando estos creían que una autoridad trataba de presionarlos: en San Miguel, por ejemplo, registramos el llamado de una jefa de la ULE a su coordinador, y el apoyo que obtuvo de él, cuando se enteró de que unos trabajadores recibían beneficios del programa Juntos sin merecerlo.

Pero tal vez la función de los coordinadores más apreciada por los burócratas locales sea la de asesoramiento. Entrevistando a los jefes de las ULE en los distritos, pudimos advertir que preguntaban frecuentemente a su coordinador sobre procedimientos que no se encontraban en ninguna directiva del SISFOH. En esos casos, el coordinador requiere interpretar la situación, e independientemente de la norma, brindar una solución a partir de su experiencia.

Los jefes de las ULE tienen el teléfono de su coordinador para cuando necesitan ayuda con las "inconsistencias"; para entender sus causas; para cuando requieren más fichas; para cuando el aplicativo tiene fallas; o para cuando se presenta un "caso social", tras lo cual el coordinador programa una cita con el ciudadano en las oficinas de la UCF.[26] En suma, el coordinador es el nexo entre el sistema y el funcionario local: permite que el último pueda intervenir y encontrar vías razonables para que la información siga fluyendo. En ese sentido, los coordinadores parecen evitar las "trampas de capacidad" (Pritchett et ál. 2010) frente a las dificultades que supone el trabajo de los funcionarios de las ULE y las exigencias algo desmedidas de la UCF (como, por ejemplo, cumplir un calendario poco apropiado para la Amazonía, considerando las distancias). Los coordinadores, no obstante, no se dan abasto: muy frecuentemente, el teléfono oficial estaba ocupado o apagado. De allí la importancia de las relaciones de confianza: algunos jefes de ULE se preciaban de tener el teléfono personal del coordinador, lo cual les permitía una comunicación más directa y rápida con él.

Volvamos al ejemplo de Pedro, con el que iniciamos este capítulo. Algunos coordinadores territoriales, pese a depender directamente del MIDIS (a diferencia de los jefes de ULE, que dependen en salario y presupuesto de la municipalidad), conocen bien la geografía del área. Así, Pedro era consciente de sus contrastes: mientras que en su región el tiempo de acceso a los centros poblados era menor gracias a la carretera, en la región donde se encontraba la ULE de San Pedro (que él también asesoraba), los plazos se alargaban por la necesidad de viajar por río. En ese sentido, no resulta sorprendente que los jefes de ULE declarasen que sus coordinadores territoriales

26. Un "caso especial" o "caso social" se denomina al hogar cuyos datos no son validados por los filtros del SIGOF. A juicio de los funcionarios de las ULE, resulta tan evidente su situación de pobreza que su categorización de "no pobre" se debe a una falla del sistema. Estos casos son reportados al coordinador regional, quien los deriva finalmente a las oficinas en Lima.

estaban al tanto de sus prácticas "aformales" e "informales". Esto, desde luego, no se dice abiertamente: cuando pudimos entrevistar a Pedro, él solo se limitó a exponernos la versión oficial de los procedimientos. Sin embargo, en nuestras entrevistas a funcionarios de las ULE, frecuentemente escuchamos mencionar el respaldo de los coordinadores a estas prácticas improvisadas.

Conclusiones

El Estado en lo cotidiano

Este capítulo ha buscado describir y analizar las rutinas de los burócratas de la calle en sistemas tan técnicos como el SISFOH. No obstante, no podemos negar la importancia que tiene el contexto en el que se desenvuelven estos funcionarios para el ejercicio de su labor, detallada en el capítulo anterior. Específicamente, se ha comprobado que factores como la carga laboral, las características geográficas de las zonas donde operan, los recursos con que cuentan y la relación del jefe de la ULE con actores clave del sistema, los lleva a adoptar una serie de estrategias para cumplir a tiempo con sus funciones.

Así, el tener que atender a un promedio de cincuenta personas al día, viajar por vías afirmadas o por río y no tener recursos humanos (como personal calificado para el empadronamiento) ni materiales (como acceso a internet), lleva a muchos burócratas locales a recurrir a estrategias que no se encuentran reguladas por el MIDIS. Entre ellas, no utilizar el S100 o recién llenarlo en el empadronamiento, no usar el aplicativo antes de salir a empadronar, emplear o construir bases de datos suplementarias, empadronar a las personas fuera de sus viviendas o no llenar toda la FSU al momento de realizar el empadronamiento. Incluso las ULE cuyas condiciones son mejores adoptan estrategias para enfrentar los distintos problemas. Sin embargo, son las que están en peor condición las que más tratan de evitarlos entablando relaciones cercanas con actores clave del sistema, como los alcaldes y los coordinadores territoriales del SISFOH.

Dado que en ninguno de los casos estudiados las ULE están dentro del organigrama municipal, su presupuesto depende de la buena voluntad del alcalde. Por eso, una buena relación del jefe de la Unidad con la autoridad edil —o, por lo menos, con sus asesores más cercanos—, facilita el presupuesto que se requiere para cubrir los gastos del empadronamiento en lugares alejados (gasolina y viáticos), así como para atender a un mayor número de solicitantes, lo que supone más personal y servicios completos. Asimismo, cultivar una relación cercana con alguno de los coordinadores territoriales —que, como se vio, puede ser el asignado a la región u algún otro con el cual se tenga afinidad— representa la oportunidad de tener un soporte para lidiar con personal poco capacitado y de alta rotación, en condiciones a menudo adversas, y de recibir incluso sugerencias sobre estrategias. Finalmente, estas relaciones son un escudo frente a cualquier político local que busque interferir, aunque a lo largo del estudio pudimos comprobar que esta situación no se da.

De esta manera, si bien los funcionarios locales se saltan algunos de los procedimientos establecidos por el MIDIS (pensados como "candados" que evitan la discrecionalidad de estos burócratas), en general lo hacen para impedir que el trabajo se acumule y para poder cumplir con el calendario y las metas. El contexto local afecta en buena medida, aunque no únicamente, la labor de estos funcionarios.

A lo largo del capítulo también hemos podido observar cómo la principal preocupación de los burócratas en todos los rangos es lograr que la información circule (es decir, que el sistema funcione), un deseo que "desborda" el orden normativo y provoca que se recurra a prácticas improvisadas que no necesariamente se encuentran "en contra de", sino "por fuera de" las reglas. En ese sentido, no se trata de acciones y ordenamientos informales, es decir, opuestos a lo formal, sino *aformales* (Gandolfo 2013). Precisamente debido a que estas prácticas escapan a la formalidad de un sistema ideado con rigidez técnica, es que el SISFOH puede seguir operando. Así, la información poblacional circula, en parte, gracias a estas improvisaciones.

Por otro lado, la dimensión *perfomativa* no es exclusiva del ámbito local. Las propias instancias nacionales no han tenido un ordenamiento reglamentado desde el principio. La composición y división interna de la UCF son funcionales debido a que se ejecutan constantemente. Su continuidad es *performativa* en el sentido de que no se sustenta en una regla "formal", sino en la actuación de los funcionarios. En otras palabras, se basa en que "todos saben qué hacer". No obstante, estas prácticas no se efectúan en el vacío, sino en un contexto organizacional que las "encausa". Es la combinación de estos dos elementos la que finalmente termina formando las rutinas, que luego se incluyen en documentos no oficiales, como los manuales internos, para volverlas perdurables.

En la interacción de ambos niveles de gobierno, nacional y local, se puede observar cómo los dos terminan influyéndose mutuamente. Por un lado, los planes nacionales guían a los funcionarios locales, quienes deben ejecutar prácticas para aplicarlos en el escenario local. Por otro lado, el escenario local influye en el sistema que elaboran las instancias nacionales, quienes tratan de diseñarlo para controlar las prácticas locales.

Observaciones sobre el observador: dificultades en la mirada del Estado

El objetivo del SISFOH de simplificar y acelerar el acceso a los programas sociales, automatizando y asegurando el procedimiento mediante "candados", dificulta su ejecución a escala local. Son dos las clases de problema que provoca el desajuste entre el diseño del sistema y su puesta en práctica.

En primer lugar figuran las dificultades en el flujo de información. El ejemplo más claro es el plazo de envío de los datos de un hogar, luego del empadronamiento, de la ULE a la UCF. Debido a la distancia que existe a veces entre los centros poblados y la capital de distrito, con frecuencia resulta imposible cumplir con el tiempo señalado. Para lograr que la información continúe fluyendo, los funcionarios locales deben entonces improvisar una solución: optan por no colocar la fecha del empadronamiento en las fichas sino hasta llegar a la ULE, algo que puede tomar varios días.

En segundo lugar figuran las dificultades en el acopio de datos. Aquí podemos mencionar dos casos que ilustran el problema. Las fichas de empadronamiento tienen campos diseñados para recoger datos a partir de los cuales el Estado determinará el nivel de pobreza de un hogar, mediante un *software* que relaciona esos datos entre sí y con diferentes bases de datos. No obstante, los campos no son lo suficientemente flexibles como para abarcar todos los casos que se dan en la realidad. Un problema recurrente entre los funcionarios sucede al indagar sobre los materiales de la vivienda. Por ejemplo, una vivienda no puede tener paredes de cemento y techo de plástico: una ficha con ese dato en el campo de "material de la vivienda" será considerada un "error material", es decir, un error al escribir, mas no una incompatibilidad entre la condición de la vivienda y los campos de la ficha.

Un segundo caso es que el hecho de que las nuevas fichas de solicitud de empadronamiento se encuentren numeradas, genera que se utilice el formato anterior (previo a la directiva 012-2015-MIDIS) para no "desperdiciar" las fichas vigentes en empadronamientos que quizás no se puedan realizar. Solo una vez que se encuentra a la persona en su hogar es que se llena la ficha de solicitud válida, realizando un doble trabajo, en una práctica que podríamos denominar "economía del papel".

Los documentos como herramientas

En dos de los ejemplos mencionados podemos ver cómo los documentos, pensados para prescribir acciones, son utilizados por los funcionarios locales en formas no planeadas por quienes los diseñaron. Se los convierte, así, en herramientas para lograr que el flujo de información no se interrumpa.

Este uso "creativo" de los documentos es producto del desajuste mencionado entre el diseño del sistema y su puesta en marcha. Sin embargo, hay que tener presente que el Estado diseña sistemas para reunir información de acuerdo con sus posibilidades de "percibir la realidad". Así, para abarcar la mayor cantidad de población posible, la realidad se simplifica en un conjunto de variables y categorías estándar. La simplificación de la pobreza es una necesidad porque no hay una alternativa viable para representar mejor su complejidad.

Conciliando cálculos y percepciones

A pesar de la necesidad de simplificar del Estado, las prácticas de los funcionarios a escala local –entre ellas, las relacionadas con los documentos– permiten, en mayor o menor grado, "conciliar" los instrumentos oficiales para medir la pobreza con la experiencia misma de pobreza de los pobladores. La posibilidad de compatibilizar el cálculo estatal con la percepción de los pobladores se abre debido a que no existe un fuerte antagonismo entre ambos, a pesar de sus naturalezas distintas: técnica en un caso; subjetiva en el otro. Existen dos factores que contribuyen a esta conciliación. Por un lado, el MIDIS no tiene la suficiente capacidad de supervisión como para asegurar la aplicación exacta de sus procesos e instrumentos a escala local. Por otro lado, los funcionarios locales deben convertir la información poblacional que recogen en datos que puedan ser procesados en la UCF.

Asimismo, no existen lógicas opuestas en las instancias nacionales y locales que lleguen a afectar el funcionamiento del sistema. En las instancias nacionales encontramos una racionalidad técnica que trata de simplificar y ordenar la realidad, mientras que en las locales hallamos una racionalidad política que intenta manejar el gobierno de la municipalidad. La existencia de ambas lógicas no genera conflictos que puedan interrumpir el funcionamiento del sistema. Por parte del MIDIS, saber sus propios límites como ente rector en lo que respecta a poder supervisar a las municipalidades y conocer sus limitaciones, lo lleva a construir un sistema que prioriza que la información que circula sea lo suficientemente real —es decir, que cumpla los requisitos de "procesabilidad" del sistema—, por sobre su adecuación a la realidad. Por parte de las municipalidades, cumplir con la focalización les proporcionaba en un primer momento réditos económicos (con el programa de incentivos), y ahora les proporciona un clima social estable.

Capítulo 5

Sorteando la incertidumbre: la población frente al Estado

Paolo Sosa Villagarcía
Mauricio Rentería
Lucila Rozas Urrunaga

Rosa, 64 años, San Miguel, solicitante del programa Pensión 65

Evaristo, beneficiario de Juntos en San Miguel y exsecretario de la junta de beneficiarias.

Ricardo, jefe de la Unidad Territorial de Pensión 65 en San Pedro.

Introducción

Las relaciones entre el Estado y la sociedad son, qué duda cabe, uno de los tópicos centrales de las ciencias sociales peruanas. Desde diferentes perspectivas, que en muchos casos se condicen con distintas etapas del derrotero nacional o de las ciencias sociales en sí mismas, se han esbozado interpretaciones de este fenómeno, usualmente centradas en la presencia o ausencia del Estado. A su vez, estas relaciones nos llevan a considerar, no solo los vínculos de quienes están bajo el poder del Estado —y en algunos casos, se resisten a él—, o la estructura del mismo, sino también los imaginarios e ideas que enmarcan su legitimidad. Esto es particularmente importante en lo que refiere la "política poblacional" desplegada recientemente sobre los sectores económicamente más vulnerables.

Por ello, en este capítulo nos interesa llamar la atención sobre estas relaciones, en especial sobre la forma como, a partir de ellas, pueden redefinirse determinadas identidades, articularse nuevos intereses y, sobre todo, generarse nuevas asimetrías de corte político.[1] Sobre este último tema, como se verá más adelante, vale la pena detenerse, en la medida en que los programas sociales , aun sin proponérselo, configuran un espacio permeado por formas de desigualdad, que involucra a aquellos que son incluidos en los programas sociales –lo que nos lleva a prestar atención a la manera en que se desarrollan de manera cotidiana los procesos del programa y las corresponsabilidades consideradas–, y a quienes buscan incorporarse a esos programas –lo que nos lleva a fijarnos en sus recorridos por las agencias del Estado en su intento de ser beneficiarios. Con este estudio no buscamos negar la importancia del proceso de inclusión social y económica que promueven los programas analizados; más bien, nuestro interés es explicitar la forma como las dinámicas que suponen estas políticas, dadas determinadas condiciones, producen *beneficiarios* del Estado, más que ciudadanos con plenos derechos.

Para ello, el presente trabajo se centra en los programas Juntos y Pensión 65, considerando las características de ambos programas y de su población beneficiaria, como se vio en el capítulo 1. Por un lado, ambos son programas que involucran transferencias monetarias. Sin embargo, en el primer caso, las transferencias demandan cumplir corresponsabilidades (que los hijos de los hogares afiliados acudan a los controles de salud y a la escuela), que son una condición necesaria para la permanencia en el programa, mientras que en Pensión 65 no existen corresponsabilidades. Por otro lado, en lo

1. Véase, por ejemplo, Cotler et ál. 2015 y Román Alfaro 2016.

que respecta a su población objetivo, aun cuando en ambos casos se trata de personas en condición de pobreza, en Juntos los beneficiarios son hogares integrados por gestantes, niños, adolescentes y/o jóvenes hasta que terminen la secundaria o cumplan 19 años (siendo por lo general las madres de familia quienes cobran el incentivo), mientras que en Pensión 65 la población está exclusivamente conformada por adultos mayores.

Dichas características, como veremos, cumplen un rol importante en las dinámicas observadas. Un elemento significativo del programa Juntos, por ejemplo, es que establece corresponsabilidades que fuerzan a sus usuarios a emplear los servicios del Estado y, a partir de ello, relacionarse con entidades que no forman parte del sistema de inclusión social, como los centros educativos, los establecimientos de salud y el Banco de la Nación, y sobre las que —dadas las características institucionales del Estado— el MIDIS no tiene control de la calidad y, sobre todo, de las relaciones que establecen sus funcionarios con los usuarios que acuden a ellas. Es en este espacio donde analizamos el proceso de disciplina al que aludimos en la sección teórica de este capítulo y que, como advertimos, no forma parte de una política de Estado, sino de la propia lógica de interrelación que explica nuestro enfoque del Estado-en-la-sociedad.[2] Es decir, que muchas de las relaciones traumáticas que se describen en las próximas líneas son, en realidad, originadas por las propias dinámicas sociales que se traslucen en el Estado, que no es ni debería ser visto como una arena completamente diferenciada.

2. Para mayores detalles, véase el capítulo introductorio de este volumen.

El sur andino: el caso de la provincia San Miguel

La focalización

El levantamiento de información censal

Al ser consultados sobre la forma de afiliación a los programas sociales, la mayoría de los usuarios entrevistados señalaron haber sido incorporados mediante un censo o un proceso de empadronamiento de los que tenían vagos recuerdos. En algunos casos, esta situación era claramente atribuida a condiciones azarosas. Algunos mencionaban haber salido "sorteados" o que simplemente un pariente o vecino les había avisado que su nombre figuraba en una lista en la municipalidad para "recibir regalos". Según las entrevistas con el encargado de la ULE, esto se debe a que la mayor parte de afiliaciones se basó en la información recolectada por el censo, en un proceso en el que los empadronadores se acercaban a recabar datos (fundamentalmente socioeconómicos y de condiciones de vida) antes de que las personas tuvieran conocimiento de los programas sociales; por lo tanto, les era más difícil hacer el enlace entre ese proceso y su condición de usuarios.

Uno de los días de pago, por ejemplo, llegó a San Miguel uno de los inspectores nacionales del programa Juntos, quien al ser "descubierto" como un "representante de Lima", fue abordado por un grupo de personas que le preguntaban sobre distintos temas relativos al programa. Entre ellas se encontraba la que, posteriormente, se identificó como la presidenta saliente de la junta de beneficiarias. Esta mujer empezó a preguntar sobre las características del "sorteo", puesto que muchos de los interesados aún no comprendían bien a quién debían dirigirse para poder tener la posibilidad de recibir los beneficios del programa. El inspector intentó, sin éxito, explicar que el proceso de focalización no era un sorteo. Días más tarde, en una conversación informal con la presidenta saliente, el término –y el concepto en sí mismo– continuaba en su vocabulario y en el de las personas que la rodeaban.

El empadronamiento por demanda

Parte importante del trabajo de la ULE se desarrolla a partir de la modalidad de empadronamiento por demanda. Diariamente acuden a esta oficina personas que solicitan tramitar su clasificación socioeconómica. La atención comienza a las 8 a. m. Si bien entre las 9 y las 11 a. m. es cuando más gente llega (lo cual se comprueba por las largas colas que se forman), la afluencia es continua durante toda la jornada laboral.

Aunque la oficina de la ULE de San Miguel es de fácil acceso, pues se encuentra cerca de un terminal terrestre y en el mismo centro de la ciudad (véase el esquema 1 en el capítulo 3), la distancia y el costo que supone a veces llegar a ella son condicionantes clave. De los testimonios que recogimos, se desprenden diferencias significativas entre quienes viven en los distritos aledaños al centro de la ciudad y quienes residen en zonas alejadas. Para los primeros, acudir a la ULE representa interrumpir sus actividades diarias por poco tiempo y esperar a ser atendidos. Si la cola es muy larga, siempre pueden optar por retirarse y volver en otra oportunidad. Esta facilidad para desplazarse se traduce en la frecuencia de su asistencia. En una discusión grupal con una asociación de adultos mayores, conformada casi en su totalidad por personas que vivían en la ciudad y que no habían sido consideradas para Pensión 65, encontramos que sus quejas giraban en torno a la molestia que sentían por tener que ir constantemente a la oficina de la ULE, solo para ser postergados.

Otra es la situación de quienes deben trasladarse a la ULE desde comunidades lejanas. El tener que destinar recursos económicos (que varían, según la distancia a la ciudad de San Miguel) y sacrificar sus actividades económicas para ir a esta oficina, impide que puedan hacerlo frecuentemente. En el caso de los adultos mayores que no tienen suficiente autonomía para trasladarse solos, deben acudir además a sus familiares para pactar un día en que los puedan acompañar. En cuanto a las mujeres que buscan incorporar a sus familias a Juntos, su traslado es especialmente complicado, dado que tienen labores productivas y reproductivas que cumplir, como el trabajo agrícola en parcelas cerca de sus hogares, la alimentación de la familia y el cuidado de los hijos. Entre las entrevistadas de comunidades que no estaban incluidas en el programa, era frecuente escuchar que estos viajes, además de difíciles, eran una pérdida de tiempo, puesto que no eran atendidas o no recibían respuestas claras ni resultados concretos sobre su incorporación a Juntos. Por lo tanto, suelen ser pocas las mujeres que acuden por iniciativa propia a la ULE y mucho menos las que optan por volver si reciben una respuesta negativa.

La incertidumbre del empadronado

Las contestaciones que reciben los potenciales usuarios del programa son un elemento fundamental para comprender su relación con él. Una respuesta negativa para personas que llegan de zonas alejadas puede desembocar en la pérdida de interés y en que nunca se afilien al programa, mientras que una respuesta positiva es un incentivo para seguir el proceso. Sin embargo, no es tan simple distinguir entre ambas. Sea cual sea la respuesta que se obtenga al momento de acercarse a la oficina, la incertidumbre es lo que predomina.

Pensemos primero en las respuestas positivas. Estas se dan cuando las personas están comenzando el proceso de empadronamiento o cuando ya han sido consideradas aptas para incorporarse al programa, es decir, cuando ya han sido clasificadas como pobres o pobres extremos. Solo en este último caso se cierra el engorroso proceso de trámites y consultas. En el primero, en cambio, se les indicará que en las próximas semanas unos empadronadores de la ULE visitarán sus hogares para entrevistarlas y recabar datos sobre sus condiciones de vida, y que los funcionarios de la oficina llenarán con ellos una solicitud de focalización, que incluye una declaración jurada. El lapso que transcurre hasta la visita del empadronador depende, en buena medida, de las distancias y de los recursos de la ULE. Luego de recibir esta visita, los empadronados que viven en otros lugares suelen aprovechar sus viajes a la ciudad para acercarse a la municipalidad y revisar las listas de beneficiarios que se pegan en sus paredes. También consultan sobre el estado de su trámite a los promotores de los programas sociales cuando estas personas visitan sus comunidades.

En cuanto a las respuestas negativas, es decir, aquellas que se desprenden de una clasificación socioeconómica distinta a la de pobre o pobre extremo, la esperanza es el mejor sustituto de la decepción. Casi todos los testimonios que recogimos de personas empadronadas pero excluidas de la lista de beneficiarios, señalan que una respuesta negativa de los funcionarios nunca cierra la posibilidad de acceder a un programa en un futuro. La respuesta más frecuente es que si bien no han sido consideradas en esta oportunidad, pueden optar por una "recategorización". Se les pide, entonces, regresar en unos meses y realizar nuevamente los trámites. Otra salida muy usual, según el encargado de la ULE, es derivar a estas personas a los promotores de los programas, aun si estos deben responder que la única instancia autorizada a incorporarlas es la ULE.

Como se ha visto, el proceso de inscripción en los programas está marcado por la incertidumbre, un sentimiento que se prolonga aún más con la posibilidad de una incorporación en el futuro. Son muy comunes las quejas sobre el constante ir y venir entre la oficina de la ULE y la de los programas sociales, lo que desalienta a quienes viven lejos.

Los excluidos del programa

Tras haber agotado todas las posibilidades de incorporarse, las personas aceptan el fallo. Deciden entonces no acudir más a las oficinas de la ULE y de los programas. Como es comprensible, esta situación genera mucho malestar con las instituciones y sus funcionarios, en tanto se piensa que ellos son los responsables, aun si también se cuestionan los criterios, más aún cuando por lo general se conoce a personas que sí han recibido ese beneficio.

En el caso de las comunidades, esta situación se agrava. Como se ha señalado, el SISFOH empadrona a hogares individuales, motivo por el cual en una misma comunidad puede haber tanto beneficiarios como gente que no ha sido afiliada a ningún programa. Sin embargo, la información de las fechas de pago y las reuniones de coordinación entre promotores y beneficiarios son acciones que se desarrollan en el ámbito de la comunidad, ya no en un ámbito personal. Las radios comunales se utilizan para anunciar las fechas de pago e incluso para leer las listas de beneficiarios. Las reuniones de coordinación se realizan en espacios colectivos, como los locales de reunión y centros de recreación comunales. De este modo, tanto los incluidos como los excluidos del programa están al tanto de lo que sucede, lo que genera suspicacias sobre el funcionamiento del programa e incluso sobre los beneficiarios.

Un detalle importante que refuerza lo mencionado es que la percepción de que se ha cometido una injusticia con las personas excluidas es general, compartida incluso por algunos de los beneficiarios. Esto ocurre porque existe la convicción entre quienes no han sido incluidos de que sí cumplen con el requisito —es decir, ser pobre o pobre extremo—, y que por lo tanto "merecen el beneficio". Una queja recogida durante la investigación, y que se repitió constantemente, era la de que algunos beneficiarios tenían en realidad una posición relativamente cómoda (se mencionaba a personas que tenían, por ejemplo, varias propiedades y un trabajo estable), lo que iba en desmedro de madres solteras y ancianas, en particular, que a pesar de su situación de vulnerabilidad no lograban ingresar a Juntos y a Pensión 65, respectivamente.

Un ejemplo concreto fue la queja formulada en la reunión general de beneficiarias de la provincia de San Miguel, por la presidenta de la junta de beneficiarias de Juntos de la comunidad de Otora. Esta mujer mencionó que hacía varios meses que venía intentando que algunas madres solteras de su comunidad fueran incorporadas al programa, sin éxito. Si bien todas ya habían sido empadronadas, muchas aún no habían obtenido respuesta y algunas ya habían sido excluidas sin motivo aparente. Esto había generado que varias viajaran a la capital del departamento para averiguar su situación en la oficina de Juntos, solo para ser redirigidas de nuevo a la ULE de San Miguel, puesto que esta entidad es la única encargada del trámite. Así, ninguna tenía una razón clara sobre las exclusiones o una respuesta definitiva en los casos aún pendientes. Esto, según la presidenta, generaba mucha frustración, más aún cuando se sabía que algunas beneficiarias eran mujeres que vivían en la ciudad, "esposas de policías" y docentes con suficientes recursos como para no necesitar ese beneficio social.

"¿Por qué a ellas que tienen sí les dan y a las otras no?", fue la pregunta que formuló esa mujer y que tanto escuchamos durante nuestra estadía en San Miguel, aunque el rumor de beneficiarias que recibían el dinero "sin merecerlo" no fue comprobado. Dada la escasa y poco clara información que se obtenía sobre los motivos de la exclusión, muchos suponían que los funcionarios de la ULE estaban cometiendo irregularidades en el proceso de focalización y beneficiando a ciertas personas. Otras especulaciones eran que simplemente no querían enviar la documentación a Lima o que no sabían realizar su trabajo. Sobre lo último, unos miembros de la comunidad de Urin nos contaron el caso de un empadronador de la ULE que había perdido los papeles por descuido, razón por la cual la mayoría no logró afiliarse a ningún programa social.

Más allá de que las falencias en la incorporación de personas en los programas sociales se deban a razones más complejas que las expuestas por quienes entrevistamos, de esta situación se desprenden dos cuestiones importantes. En primer lugar, que al menos en el caso de la provincia de San Miguel, ser incluido en un programa social no es considerado un "favor" del Estado, sino un "derecho" de determinadas personas. De ahí que la gente reclame cuando piensa que cumple con las condiciones necesarias y no es incorporada. En segundo lugar, cuando esto último sucede, la percepción que tienen estas personas del Estado –representado por los funcionarios de la ULE– y, por ende, la relación que construyen con él a través de los programas sociales, es una relación de desconfianza; se lo considera injusto. Lamentablemente, esta es una relación en la cual esas personas se encuentran en gran desventaja, lo que refuerza su situación de vulnerabilidad y de exclusión social.

Rosa

Rosa tiene 64 años. Vive con Ernesto, su esposo (74 años), en una comunidad campesina ubicada a 20 minutos de la capital de provincia. Tiene siete hijos, dos de los cuales son de una relación previa. Ambos se conocen desde la infancia, desde cuando su comunidad formaba parte de una hacienda. Los padres de Rosa no eran originarios de este lugar. Migraron desde una provincia del norte de la región, cuando ella era todavía una niña. Su esposo, huérfano desde muy pequeño de padre y madre, llegó a la hacienda por la misma época, ya siendo un adolescente.

Cuando se casaron, Rosa se dedicó a cocinar para los trabajadores de su comunidad y a cosechar lo que podía de la pequeña parcela que le concedió la cooperativa. Ernesto trabajó toda su vida como carpintero, labor que realizaba principalmente en la capital de la provincia. Su situación económica siempre fue muy precaria, motivo por el cual lamentan no haber podido brindar educación básica a todos sus hijos. Rosa aduce, a su vez, que las dificultades que sus hijos mayores padecen se deben, en buena medida, a esto.

Por lo demás, su esposo ya se ha retirado. Sufre problemas de vista, lo cual lo ha inhabilitado para trabajar. Ella aún se dedica a la cocina y sus cultivos, pero sus ingresos no alcanzan para subsistir. Además, debido a la igualmente difícil situación económica de sus hijos, Rosa y Ernesto prefieren no acudir a ellos por ayuda.

Cuando llegó la noticia del programa Pensión 65 a su comunidad, ambos vieron una oportunidad para mejorar su situación. Rosa sostiene que por aquellos días ya habían llegado a su casa a empadronarlos. Sin embargo, finalmente no fueron incluidos en la lista de familias beneficiarias de su localidad. Rosa y su esposo se han acercado en muchas oportunidades a la oficina de la ULE para pedir su incorporación. Además, su esposo lo ha hecho solo otras veces, pero siempre con el mismo resultado: les comunican que aún no están incluidos en el padrón de beneficiarios, pero que retornen en unas semanas —o meses— para ver si se puede revertir esta situación. Ernesto sostiene que ya está cansado de ir a perder su tiempo, que con el dinero que invierte en pasajes podría comprar el desayuno del día.

Sin embargo, Rosa no pierde la esperanza. En los días en que conversamos con ella, había decidido ir a la ULE una vez más para insistir. Pedimos entonces acompañarlos, y ellos accedieron. Fue así que un martes a las diez de la mañana la pareja de ancianos llegó a la ULE con una de sus hijas y la menor de sus nietas. Los cuatro ingresaron a la oficina y tras diez minutos de conversación, salieron de ella muy decepcionados. Como de costumbre, el encargado les dijo que no habían sido considerados para obtener el beneficio, pero que en unas semanas volvieran para ver la posibilidad de una recategorización. Al consultarles a Rosa y su familia sobre las explicaciones que les ofrecieron para excluirlos de la lista de beneficiarios, mencionaron que, según el encargado de la ULE, lo más probable es que en su caso ello se debiera a que en los últimos años habían obtenido un préstamo.

Sucede que el hijo mayor de Rosa y Ernesto acudió a ellos en el 2013 para pedirles que lo ayudaran como aval, con su vivienda de garantía, para solicitar un préstamo de cinco mil soles a una institución financiera ubicada en la capital de la provincia. Su hijo se proponía invertir ese dinero en su negocio y les prometió pagarles con puntualidad. Conociendo la situación en que se encontraba la familia de su primogénito, decidieron ayudarlo con el préstamo.

"Como yo le digo ahorita. Como mi hijo, yo no lo he educado, como ahorita estoy avisándole, no hemos educado a mi hijo [...] es el primer hijito que he tenido. Pero como no tenía posibilidades para educar más [...] hasta segundo, tercero, cuarto año nomás ha llegado. Entonces ahí se quedó. Entonces no hay ni cómo, él también ahora tiene cinco hijos. Entonces a los cinco tiene que educar. Y yo dije pe: '¿cómo sus hijitos se van a quedar igual que su papá?, no pues'. [...] Al ver eso, hemos sacado el préstamo, cinco mil. Con esta casita nos hemos garantizado".

A pesar de ello, Rosa y su esposo no lamentan haber ayudado a su hijo. Para Rosa se trata de una pequeña ayuda que ni siquiera llega a compensar la educación que no le pudo brindar y que considera la principal limitación de su hijo. Pero no deja de sentir mucha frustración *por no contar con la ayuda económica del programa, precisamente ahora que su esposo ya no puede trabajar y que su situación económica es aún más frágil.*

El operativo de pago

En las siguientes líneas se desarrollará con mayor detalle los diferentes procesos que implican los programas sociales y las dinámicas que surgen alrededor de esos procesos. Cabe precisar que solo se describe lo observado en Juntos, porque durante el recojo de datos, los pagos de Pensión 65 se habían atrasado y las listas aún no estaban. Sin embargo, según un funcionario de la ULE y los propios usuarios, los procesos son similares en ambos programas.

El anuncio de los pagos

Los pagos se hacen a través del Banco de la Nación, cuya agencia en San Miguel se encuentra en la plaza de Armas. La lista con esta información llega impresa desde la capital del departamento y es colocada en la fachada de la municipalidad. Son los promotores de los programas quienes comunican la llegada de la lista, con una anterioridad que oscila entre una semana antes y la tarde anterior. Se coordina entonces el anuncio de los pagos, aunque con bastantes dificultades debido a las distancias, la dispersión de las comunidades y los escasos canales de comunicación. Por ello, los días de pago pueden llegar a extenderse más allá de las fechas programadas, llegando incluso a abarcar varias semanas. Esta situación, sin embargo, varía dependiendo del programa social.

En el caso de Juntos, esta información fluye bien en la capital y las comunidades conectadas por carretera, debido a una junta de beneficiarias que se ocupa de difundirla con facilidad, aun cuando demora en llegar. En cambio, en las comunidades que están fuera del circuito urbano, la comunicación es mucho más difícil. En esos lugares, se requiere de un despliegue de recursos económicos y humanos por parte de la Junta, puesto que la información llega ahí a través de las radios municipales o comerciales, de los pocos canales de televisión que existen y, en algunos casos, de los choferes de buses o camiones que transitan por esos territorios, a cambio de una "propina".

Para el programa Pensión 65, las limitaciones son aún mayores. Si bien el procedimiento es parecido, y son también los promotores los encargados de recibir y colocar la lista de pagos en la municipalidad, la difusión por lo general se hace de otra manera y genera desinformación y un mayor retraso. Esto parece deberse a algunas diferencias importantes con el programa Juntos. Durante el periodo de observación, no se pudo identificar el mismo grado de organización de Juntos en Pensión 65, cuyos usuarios no cuentan con una Junta o con un grupo análogo de beneficiarios. Aunque los coordinadores del programa son los encargados de hacer llegar la información a los lugares más lejanos a través de la radio, el uso de ese medio es restringido, y por lo tanto también su alcance, debido a que no se cuenta con recursos para acceder a un mayor espacio radial y colocar avisos, algo que sí sucede en Juntos.

Según la recién electa presidenta de la junta de beneficiarias de Juntos de la provincia de San Miguel, los recursos se recaban con las multas que se imponen a los beneficiarios por no asistir a las reuniones bimestrales del programa. Ese dinero se utiliza, no solo para para difundir la información a través de la radio, sino también para pagar parte del pasaje de quienes hacen "el favor" de llevarla a distintos centros poblados. Esta última es una estrategia que han creado las mujeres cuyas familias han sido incorporadas a Juntos para agilizar el trámite, sorteando las dificultades de distancia y comunicación. En contraste, al no contar con una organización, los usuarios de Pensión 65 se encuentran en gran desventaja, principalmente aquellos que viven lejos de la ciudad, lo que constituye un importante desincentivo para cobrar el dinero.

En el caso de Pensión 65, la dificultad aumenta si los coordinadores no se encuentran durante las fechas de pago. Durante el periodo de recojo de datos, que coincidió con la llegada de la información sobre los pagos de ambos programas, no se vio a ningún coordinador de Pensión 65 en la zona. Además, quienes se acercaban a hacer la consulta volvían sin respuesta. Solo en algunas oportunidades esas personas fueron atendidas por la coordinadora de Juntos, quien se encargó de informarles, a pesar de no tratarse de su programa. En otras ocasiones se vio también cómo los miembros de la junta de beneficiarias de Juntos apoyaban en la información sobre los pagos de Pensión 65. Al estar en contacto directo con los coordinadores de los programas y los funcionarios de la ULE, estas personas suelen recibir la información antes que el resto de usuarios.

La consulta en el padrón

El proceso de pago se desarrolla en las inmediaciones de la plaza de Armas de San Miguel, en un espacio cuyos ejes son la ULE (en la municipalidad) y la agencia del Banco de la Nación. Una vez difundida la información sobre las fechas de cobro del beneficio y colocada la lista en la fachada de la municipalidad, los beneficiarios y posibles beneficiarios de ambos programas se aproximan en primera instancia al municipio a verificar la lista. Dependiendo de lo que se lee en ella, estas personas realizan los siguientes trayectos: algunas se dirigen el Banco para cobrar el dinero o consultar con la coordinadora del programa –quien por lo general se encuentra cerca de ahí–, mientras que otras ingresan a la oficina de la ULE.[3]

En cualquiera de los casos, el primer lugar a donde acuden los beneficiarios y potenciales beneficiarios, una vez que han recibido información sobre las fechas de pago, es a la municipalidad. En el espacio exterior contiguo a la oficina de la ULE se coloca el padrón que contiene las listas donde las personas pueden verificar si se encuentran aptas para recibir el beneficio del bimestre en curso. Existen tres tipos de lista, todas con el número de DNI, el nombre completo y la zona donde se vive: en una se incluye a las personas que proseguirán a cobrar el beneficio (abonadas); en otra, a quienes no les será posible hacerlo hasta que rectifiquen algunos requisitos (suspendidas); y en una última, a las que no recibirán ya beneficios (egresadas).

¿Qué determina cada uno de estos estados? En el caso de Juntos, el diseño del programa hace que el pago dependa de que los hogares usuarios cumplan con ciertos requisitos relacionados con la salud, alimentación y educación de los hijos, por lo que el programa se enfoca principalmente en las mujeres (más vinculadas al cuidado de los niños). Sus usuarios tienen la obligación, no solo de matricular a los hijos en la escuela, sino de asegurarse de que asistan a ella y de que sean capaces de completar cada uno de los niveles de educación. También se exige la asistencia a controles médicos, para

3. Las primeras, por lo general, son personas que ya han sido focalizadas y que necesitan tramitar su inscripción al programa con el coordinador; personas que vienen cobrando desde hace algún tiempo los beneficios sociales; y personas que tienen algún problema para recibir sus pagos. Las segundas son personas que esperan una respuesta positiva sobre su inclusión en el programa o el primer pago, pero que no han recibido ni la confirmación de su incorporación, ni ningún beneficio aún. En ese caso, se dirigen a la ULE para hablar con el funcionario encargado, y a veces también consultan con el coordinador del programa.

verificar que los hijos gocen de una buena salud y estén debidamente alimentados.

El incumplimiento de estos requisitos resulta en la eventual suspensión del beneficio, que volverá a ser activado si se lo subsana. Sin embargo, las personas suspendidas no siempre conocen el motivo por el cual se las priva del beneficio, pues esta información no se especifica en la lista. Esto crea confusión, como se pudo constatar durante el periodo de observación.

Otros problemas que observamos al momento de la consulta del padrón son la pobre calidad de impresión de las listas, el hecho de que a veces estaban incompletas, y de que la enumeración de los nombres no seguía un orden claro, lo que dificultaba encontrarlos.

En lo que respecta a lo último, se pudo ver que la mayoría de la gente que llegaba a este primer punto demoraba más de diez minutos en encontrar sus datos, principalmente porque la lista no tenía un orden previsible, o porque ese orden había cambiado, como nos dijeron unas beneficiarias. En algunas ocasiones, las listas se ordenaban por lugar de procedencia, mientras que en otras por apellido o por número de DNI. En esta oportunidad, las listas se habían organizado por comunidades. Por otro lado, se registraban casos en los que el lugar de procedencia figuraba distinto entre una lista y otra anterior, como nos contó una beneficiaria afectada por este error.

Todo esto, junto con otros factores, como no saber leer y no hablar castellano, dificulta a los usuarios poder revisar adecuadamente sus datos. Muchos deben recurrir incluso a la ayuda de un tercero, lo que provoca que un trámite sencillo se vuelva complicado. Esto, como se verá más adelante, parece ser un rasgo característico del proceso al que hay que prestar atención, pues puede resultar en una doble exclusión del programa.

Por otro lado, cabe mencionar que a la ULE se dirigen también en esa ocasión las personas que esperan recibir noticias de su incorporación en el programa y el primer pago. Se acercan a revisar las listas para comprobar si su nombre se ha incluido en el padrón. Y es que por lo general no conocen el procedimiento de inscripción al programa, que sigue a la focalización, y que es esencial para percibir el beneficio: no han sido debidamente informadas de la necesidad de realizar este proceso previo. Esto genera una gran frustración en esas personas. En varios de los casos observados, los potenciales beneficiarios solo se enteraban del procedimiento correcto luego de ver la lista, consultando el motivo de su omisión a los funcionarios de la ULE y la coordinadora del programa.

La suspensión del pago

Como se ha mencionado, al consultar la lista, algunas personas se encuentran con que el pago de sus beneficios se ha suspendido, a veces sin saber el motivo. Esta suspensión se debe, por lo general, al incumplimiento de uno o más de los requisitos estipulados por el programa. Juntos suele hacer un seguimiento de estos requisitos sobre la base de documentos que recaba del beneficiario: constancias de matrícula y de estudio de los hijos; listas de asistencia a la escuela (no se admiten más de tres faltas justificadas al mes) y cartillas de cumplimiento de los controles médicos y las vacunas.

Según lo observado y conversando con algunas usuarias durante una reunión de cambio de mando de la junta de beneficiarias, pudimos constatar que cumplir con los requisitos del programa suele ser difícil y requiere de una especial atención de las madres de familia, quienes usualmente son las que reciben el dinero y se encargan de administrarlo. Por ejemplo, en algunos casos el pago de beneficios peligra ante la imposibilidad de las madres de solventar lo que algunos centros educativos piden para emitir constancias, con el pretexto de que pueden pagarlas porque reciben "dinero gratis" del Estado. En lo que respecta a la vacunación y los controles médicos de los hijos, el maltrato que sufren algunas usuarias en los centros de salud las desanima de acudir a ellos con sus hijos.

El cambio de domicilio de las personas beneficiarias, que parece ser bastante usual dado que la mayoría no tiene casa propia por su condición de pobreza, es otro factor que puede llevar a la suspensión del pago. Si bien, según el jefe de la ULE, el trámite para avisar que se ha cambiado de domicilio es simple, muchas personas no saben qué deben hacer cuando se mudan. Así, con frecuencia, solo se enteran de que han sido suspendidas del programa el mismo día de pago.

Al no conocer la causa de la suspensión, los usuarios suelen recurrir en primer lugar a la ULE en busca de una explicación. Normalmente los funcionarios de la Unidad responden algunas preguntas y luego los derivan a la coordinadora del programa, si ella se encuentra presente. Aunque ubicarla no es difícil, ya que habitualmente se instala cerca de la agencia del Banco de la Nación durante los días de pago, no tener un lugar adecuado para atender las consultas y la cantidad de personas que se le acercan hacen que la atención no sea óptima, lo que parece afectar la calidad de la información que se brinda al usuario.

El cobro del beneficio

Una vez sorteadas las dificultades iniciales, las personas que han verificado en las listas que se encuentran aptas para cobrar, se dirigen al Banco de la Nación, siendo distinta la modalidad de cobro entre Pensión 65 y Juntos. En Pensión 65, los beneficiarios deben aproximarse a las ventanillas del Banco. En Juntos, en cambio, en concordancia con los objetivos de inclusión financiera y de otorgar una mayor autonomía a los usuarios, el cobro se hace a través de los cajeros automáticos del Banco. No obstante, en ambos casos la gestión presenta complicaciones.

En el caso de las usuarias del programa Juntos, cuyo operativo de pago fue el que presenciamos directamente durante el trabajo de campo, la cola frente al cajero del Banco de la Nación comienza a formarse desde muy temprano. Observamos que había ya una cantidad considerable de gente en espera a las siete de la mañana. No obstante, según los testimonios que recogimos en la cola y las entrevistas que hicimos a algunas beneficiarias de la comunidad de Arín, hay quienes llegan incluso a las cinco. Los primeros días de pago suelen ser los de mayor afluencia, aunque parece existir un orden informal establecido para acudir a cobrar en determinados días, evitando así colas y esperas más largas. No vimos ningún documento que estableciera un cronograma de pago por zona u otro criterio, y las personas que consultamos, entre ellas la presidenta de la junta de beneficiarias, no nos pudieron explicar cuál era el orden o si este llegaba realmente a cumplirse.

En todo caso, las usuarias de Juntos suelen esperar un largo tiempo para hacer uso del cajero, a pesar de que este procedimiento debería ser más rápido que el de acudir a las ventanillas, puesto que es automático. Según varios testimonios, dependiendo de la hora de llegada a la cola, se puede esperar entre una y tres horas para retirar el dinero. Existen varios factores que retrasan aún más el trámite. Algunos coinciden con las dificultades que se tiene para revisar las listas, entre ellas, el no saber leer ni escribir, así como no hablar fluidamente el castellano. Otro factor es la poca familiaridad que se tiene con el uso de las tarjetas bancarias y del cajero, lo que parece indicar que, más que una solución, esto ha resultado un obstáculo que disminuye la agencia de esas personas y su autonomía. A pesar de que, según la coordinadora, el programa brinda capacitación financiera a sus usuarios, los resultados no parecen ser los esperados.

Por lo general, se observa que las usuarias –principalmente aquellas que parecen provenir de comunidades alejadas y ser quechuahablantes– no pueden realizar por sí solas la operación de cobro. En ese caso, la estrategia es pedir ayuda a un tercero. Se acude así a otras personas de la cola que se encuentran más familiarizadas con el sistema bancario, y que, usualmente, son las que viven en centros urbanos. Se ha observado cómo estas personas permanecen en el cajero por un periodo breve de tiempo después de haber cobrado su dinero, ayudando a quienes tienen problemas.

Otra estrategia es solicitar ayuda a personas que no son beneficiarias del programa y que no tienen ningún vínculo con él. Por lo general, la dinámica que se observa en el cajero es la siguiente: al lado derecho de la máquina se forma la cola con las personas que van a recibir el pago de Juntos; al lado izquierdo están aquellas que no pertenecen al programa y que ingresan al cajero directamente, sin tener que hacer la cola. Esas son las oportunidades en las que las usuarias de Juntos aprovechan para pedir ayuda a quienes no lo son.

Durante la observación de campo, vimos asimismo la siguiente situación. Temprano en la mañana, un joven se aproximó a sacar dinero del cajero. Muchas de las mujeres que llevaban haciendo cola hace rato, aprovecharon la ocasión para pedirle ayuda. El joven se mantuvo ayudando a varias. Solo se retiró al llegar un policía, quien explicó a las usuarias que era peligroso recurrir a este tipo de ayuda, en la que quedan expuestos la clave secreta y el DNI.

Otras estrategias que se emplean para sortear la dificultad de utilizar el cajero son más "institucionales", en tanto incluyen a miembros de las juntas de beneficiarias y a la coordinadora del programa. Principalmente en los primeros días de pago, observamos que tanto la presidenta de la Junta como otros miembros de la organización y la coordinadora acudían al cajero y ayudaban. Por lo general, permanecían ahí de dos a tres horas y luego se iban, aun cuando había gente llegando incluso después de mediodía (casi no hay nadie después de las tres de la tarde).

Advertimos también que el primer día de pago, el entonces secretario de la Junta se hallaba presente en el cajero, a donde llegó a las siete de la mañana, quedándose alrededor de cinco horas. El segundo día de pago, en el que la afluencia de gente fue mayor, no se identificó a nadie de la Junta, pero sí a la coordinadora de Juntos, quien se encargó de ayudar. Sin embargo, debía cumplir con otras labores relacionadas con el programa (entre ellas, la migración de las beneficiarias a la tarjeta con chip), por lo que el tiempo que se dedicó a apoyar fue corto y ese día el cobro fue menos ágil. Cabe indicar que, según lo observado, la coordinadora solo llega al cajero a las 9 de la mañana (aun si la gente hace cola desde mucho más temprano) y permanece ahí hasta aproximadamente el mediodía, por lo que varias personas no llegan a cobrar por no saber hacerlo solas. No sabemos si esta ayuda es una de las funciones del cargo de coordinador o solo es voluntaria.

Por otro lado, dado que la mayoría de las beneficiarias son madres de familia y jefas de hogar, tienen obligaciones domésticas que cumplir (como preparar la comida) antes de acudir al cajero. Si los hijos son pequeños y aún no van a la escuela, se los deja al cuidado de otras mujeres, ya sean vecinas o familiares. Cuando esto no es posible, se acude al Banco con ellos, una situación difícil, considerando que el espacio no es adecuado para los niños, que no hay donde descansar y que quedan expuestos a la intemperie.

Para sortear el tedio en la cola, es común que las beneficiarias vengan acompañadas de otras personas. A veces, incluso, se organizan para hacer la cola en grupo, lo que hace mucho más llevadera la espera, ya que se puede hablar, ausentarse un rato sin perder el turno, recibir ayuda con el cajero o incluso con los niños. Por lo general, esto se ha observado entre las beneficiarias que llegan de comunidades alejadas. Un último tema interesante son las actividades económicas que se desarrollan alrededor de la cola. Se ha visto que algunas beneficiarias, mientras esperan su turno, aprovechan para vender productos de sus parcelas o comida preparada por ellas.

Evaristo

Evaristo bordea los 50 años. Es uno de los pocos beneficiarios varones de Juntos en la provincia y, hasta que conversamos, no estaba completamente seguro de por qué había sido incluido en el programa. Cuenta que un día sus vecinos le "pasaron la voz" de que su nombre aparecía en una lista pegada en la pared de la municipalidad y que asistió inmediatamente con la esperanza de que fuera una convocatoria para trabajar en unas obras de refacción que iban a iniciarse. Al llegar, constató que estaba en la lista, pero se trataba de los beneficiarios del programa. Siendo viudo y con un hijo en edad escolar, accedió a Juntos, pero sin comprender cómo había sido parte de ese "sorteo", al punto que se acercó a la oficina del alcalde para agradecérselo. Luego, al hablar con la gestora del programa, Evaristo entendió que lo habían "registrado en el sorteo" cuando se acercaron a censarlo a su casa un tiempo atrás.

Cuando lo conocí, Evaristo cumplía un rol clave en el proceso de pago, puesto que se encargaba de asistir a las mujeres, en especial a las de las comunidades, al momento de usar el cajero. Generalmente se quedaba ahí hasta que no quedaba nadie en la cola. Cuando le pregunté sobre esa función, me habló de la junta de beneficiarias, donde fungía de secretario. Desde joven, Evaristo ha sido un entusiasta de los talleres de capacitación y formación de líderes que han impartido distintas ONG nacionales e internacionales –de hecho, usaba en ese momento un viejo maletín de uno de esos eventos–, así que cuando se solicitó voluntarios para ayudar en el cajero, se ofreció inmediatamente.

Durante el primer día de pago, Evaristo ejerció su labor desde las 7 a. m. hasta la 1 p. m., hora en que fuimos a almorzar y en que la cola había disminuido considerablemente. Me cuenta en el almuerzo que este ha sido su último día como secretario y como asistente en el cajero. Su hijo termina los estudios y, por lo tanto, debe salir del programa. Durante este tiempo, me dice, él le ha ofrecido más a las Juntas que lo que ha recibido de ellas; describe su trabajo como una suerte de "acción social" para cumplir con quienes necesitan "más" del programa. Se refiere, principalmente, a las madres de las comunidades campesinas. La gente que vive en la ciudad o en los anexos cercanos –me cuenta– puede venir cuando quiere a ver si ya le pagaron o si está habilitada para cobrar, en cambio, la gente "de arriba" tiene que gastar el jornal del día en movilizarse, solo para darse con la mala noticia de que no han publicado las listas.

Según me dice –y esto fue corroborado luego con otros testimonios y la observación in situ–, la publicación de las listas no solo es desordenada, sino que además solo se coloca en la fachada de la ULE, que se encuentra en la municipalidad, por lo que son las Juntas quienes se encargan de divulgar esta información en los lugares más alejados mediante anuncios pagados en la radio o enviando recados a cada comunidad –también pagados– con los choferes de camión que comercian la fruta de los valles tropicales. Una tradición bastante antigua, dicho sea de paso. En el caso de los cajeros, el problema fundamental es el uso del idioma español, especialmente en su forma escrita. Cuando le pregunto por qué no utilizan entonces las ventanillas, me responde primero que es porque no se puede, porque tienen que usar sus tarjetas pues el programa lo quiere así. Luego agrega que porque, incluso con las dificultades, las mujeres prefieren utilizar el cajero antes que interactuar con los cajeros de carne y hueso porque "las miran feo", las agreden o les hacen esperar, mientras atienden a otros de forma preferencial. Pienso que exagera; sin embargo, un día después, al culminar la reunión de la Junta, recuperamos varios testimonios similares, especialmente de beneficiarias quechuahablantes.

Al día siguiente, la ausencia de Evaristo se hace palpable cuando a las 7:30 de la mañana la cola para cobrar empieza a bordear la cuadra entera, dándole vuelta a la iglesia (véase capítulo III). Los minutos pasan, y mientras van llegando más camiones con beneficiarias de las comunidades, la cola no avanza y las mujeres se limitan a esperar. Algunos funcionarios aprovechan y usan el cajero automático, señal de que no está malogrado, mientras que las puertas del banco ya se han abierto y la atención es normal. Recién a las diez de la mañana la cola empieza a moverse, cuando llega la gestora del programa –que vive en la capital del departamento– y empieza a suplir el rol de Evaristo. Al día siguiente, aprovechando que la gente se quedará en el pueblo por el mercado, se celebrará la reunión de la Junta y se buscará un reemplazo.

El oriente amazónico: el caso de la provincia de San Pedro

La focalización

El levantamiento de información censal

Según las entrevistas realizadas con beneficiarios de las comunidades aledañas al distrito de Lagos –tanto de Pensión 65 como de Juntos–, la afiliación al programa social no fue siempre algo que tenían previsto. A veces los empadronadores llegaban a las casas, sin que la gente supiera por qué indagaban sobre su condición socioeconómica.

Por un lado, no era usual que los empadronadores se tomaran un tiempo para explicar formalmente el propósito del censo; por otro, cuando las personas preguntaban, las respuestas eran por lo general inexactas o vagas. Una de las entrevistadas nos contó que los empadronadores solamente atinaron a explicarle que era para "saber cuántas personas eran pobres en su comunidad".

Lo que es aún más sorprendente es que ningún funcionario de la ULE o de Juntos brinde información sobre los requisitos de afiliación al programa, lo que confirma lo observado en San Miguel: desde el inicio, este proceso se caracteriza por la desinformación. En el ejemplo mencionado, pasaron muchos meses para que la mujer llegara a enterarse, solo por casualidad, de que su nombre figuraba en el padrón de usuarios de Juntos.

El empadronamiento por demanda

En San Pedro, el empadronamiento por demanda es diferente según si quien lo solicita vive en la ciudad o en sus cercanías, y puede acceder fácilmente a la oficina de la ULE, o si se trata de alguien que vive lejos y para quien trasladarse resulta difícil y costoso, pues debe hacerlo por río. Sin embargo, ambos casos presentan inconvenientes, por lo general relacionados con la larga espera y la incertidumbre, tal como sucede en San Miguel, pero con diferencias importantes. A continuación se describe el proceso de empadronamiento por demanda en San Pedro, apuntando a las similitudes y diferencias con San Miguel.

Aparte de los casos mencionados en el apartado anterior, el empadronamiento por demanda suele generarse por una dinámica social a través de la cual una persona identifica la necesidad de ser afiliada a un programa social al compararse con otras que ya lo han sido. Sin embargo, también se da cuando el proceso de focalización, como primer paso para ingresar a un programa, se trunca por distintos motivos, y la persona solicita que se la empadrone de nuevo. Según varias entrevistas, uno de los principales factores para que ello suceda es la ausencia de quien se ha previsto empadronar cuando el funcionario de la ULE se acerca a su vivienda. Esta puede ser una de las razones por la cual algunos miembros de comunidades nativas amazónicas no fueron empadronados, a pesar de lo estipulado por la Resolución Ministerial N.° 227-2014-MIDIS, que determina su afiliación casi automática a los programas sociales. Aquí hay que precisar que en la Amazonía es común que la gente abandone sus casas por temporadas, debido al crecimiento del río o al agotamiento de recursos importantes para su subsistencia.

Durante el recojo de datos, por ejemplo, una de las entrevistadas nos contó que debido a que no había podido estar en su casa cuando llegaron los empadronadores, solicitó al coordinador de Juntos que volvieran, aprovechando su visita a Lagos, un trámite del que aún no tenía respuesta. Es usual esperar mucho tiempo para que la ULE de San Pedro envíe a alguien a cumplir esta tarea.

Otro factor que trunca el proceso de focalización es la dificultad de los empadronadores para llegar a las localidades lejanas y de difícil acceso. Como ese viaje demanda un mayor despliegue de recursos, el empadronamiento en esos lugares se descarta o retrasa. Como veremos, esto también aplaza las solicitudes de incorporación a un programa social.

Por lo observado, existe un gran número de personas en condición de pobreza que viven en zonas apartadas, especialmente mujeres, que no están afiliadas a ningún programa social. En esos casos, una estrategia que emplean es aprovechar las ocasiones en que los empadronadores o los coordinadores de los programas sociales visitan su localidad o alguna cercana para solicitar la incorporación.

Esto sucede en parte porque los solicitantes no siempre pueden llegar a donde se encuentran los funcionarios, por el costo, tiempo y esfuerzo que puede demandar ese viaje, y porque no pueden interrumpir sus actividades (en el caso de las mujeres, sus obligaciones domésticas). Por otro lado, una vez que ya se ha pedido ser empadronado, la oficina tarda en enviar a los funcionarios debido a la falta de transporte y de fondos suficientes para llegar a las zonas más apartadas. Con respecto a los fondos, algunos funcionarios de Pensión 65 nos contaron que para aprovechar mejor los pocos recursos de que disponen, tanto la ULE como los programas sociales esperan a que se acumulen varias solicitudes en una misma zona para enviar a los empadronadores o a los coordinadores. De esta manera, el difícil y costoso acceso a los funcionarios y la larga espera pueden llegar a desanimar a la gente y, por lo tanto, a impedir que se incluya a personas en condición de pobreza en los programas sociales.

Una situación diferente se da cuando quien demanda un empadronamiento vive en la ciudad o en sus alrededores. Al igual que en la de San Miguel, se observa en esa oficina una mayor afluencia de gente hasta el mediodía. En la cola vimos a algunas personas sentadas en sillas dispuestas en el pasadizo, mientras que otras estaban de pie, dependiendo del orden de llegada.

La oficina de la ULE de San Pedro se encuentra a una distancia intermedia de la plaza central de la ciudad, donde se encuentra el Banco de la Nación, frente al cual se pegan los padrones de beneficiarios de Juntos y de Pensión 65. De tal manera, si es necesario acudir primero a ver los padrones (para ver si uno figura en la lista) y luego a la ULE (para solicitar de nuevo la incorporación a un programa si uno no figura en el padrón), se invierte más tiempo y dinero que en San Miguel, donde todo se centraliza alrededor de la plaza. En San Pedro, muchos deben tomar un transporte público para llegar a la ULE, considerando que caminar desde el centro demora unos 20 minutos, siempre expuesto a las inclemencias del clima de la selva baja.

De igual manera, la posibilidad de que aquellos que viven lejos de San Pedro visiten la oficina de la ULE, que se encuentra alejada del puerto y de los terminales terrestres, es mucho más remota que para quienes viven lejos de San Miguel. En este caso, todo el trayecto es más largo y más costoso: se requiere trasladarse desde la localidad de origen hasta los puntos de entrada a San Pedro, luego al centro, donde se encuentra el padrón, y finalmente al local de la ULE. Todo esto puede desalentar a la gente de presentar su solicitud de incorporación a un programa social.

Ricardo

Ricardo es el jefe de la Unidad Territorial del programa Pensión 65. Su oficina se encuentra en el recinto municipal del distrito de Lagos. Es administrador de formación y lleva más de 40 años trabajando para el Estado, tanto en programas de desarrollo en distintos sectores como en gobiernos regionales y locales. Su experiencia laboral, cuenta, ha sido bastante precaria por la constante rotación de personal, pero ve esto como una ventaja más que como un problema. Sabe hacer de todo y se adapta fácilmente a cualquier tarea que le encomienden. Este es su primer trabajo en planilla.

Al llegar a su escritorio, Ricardo me pide que lo espere mientras termina de atender a las últimas personas. Siempre atento a la computadora, escucha pacientemente lo que cada una le solicita, ya sean noticias sobre su inclusión en la lista de beneficiarios, sobre la lista de pagos o sobre los trámites que hay que hacer con otras agencias del Estado. Quienes se acercan a su oficina son personas de la tercera edad, la mayoría de zonas colindantes y menos de lugares más remotos. Unos pocos vienen acompañados de algún familiar, generalmente la nieta o la hija menor, en especial cuando necesitan que funjan de traductoras. Varios salen de la oficina sin satisfacer sus demandas.

Ricardo es un tipo proactivo, siempre intentando solucionar los problemas llamando por teléfono para solicitar información y coordinando con el limitado personal que tiene a cargo. Su trato es campechano, aunque condescendiente y, por momentos, displicente. Cuando algo deja de tener sentido, vuelve sus ojos a la máquina, tipea indistintamente y le responde al beneficiario: "Lo siento, el sistema no me deja hacer nada más". Luego me confiesa que en el ministerio los han capacitado varias veces para tratar con los adultos mayores, pero que lo aprendido en su trayectoria es siempre su primera referencia: en el trato con los beneficiarios uno debe dar la mano, pero nunca dejar que se vayan al codo. No es broma, lo dice con mucha seriedad. Mientras me muestra fotos de sus salidas al campo en el ordenador, empieza a explicarme el complejo funcionamiento del sistema de pagos y la logística que implica cumplir con esas obligaciones en una zona tan difícil como esta. Confiesa, en otro momento, que si bien ha tenido varios trabajos con el Estado, su trato con los ciudadanos nunca había sido tan masivo ni tan continuo. Indago sobre cómo enfrenta esta situación y sobre los problemas que esto puede acarrearle. Esto es bueno y malo, prosigue, depende de cómo se lo mire. Lo malo es que uno tiene que moverse mucho, que interactuar demasiado con la gente en un plano que puede llegar a ser demasiado empático. Lo bueno, señala, es que esto genera un espacio de confianza con la gente, "ellos pueden constatar nuestras limitaciones, y, como quien dice, que somos tan humanos como ellos". Cómo explica eso, le pregunto. La respuesta es muy clara: "Compadre, acá no hay ventanillas".

La incertidumbre del empadronado

Como se puede ir percibiendo, la incertidumbre es uno de los principales rasgos de la relación entre los programas sociales y las personas que los solicitan: prevalece desde el momento en el que se hace la solicitud de incorporación hasta cuando se reciben los pagos. A la larga espera para obtener una respuesta, se suma la falta de información sobre el tiempo previsto para completar los trámites. Los funcionarios locales, tanto de la ULE como de Pensión 65 y Juntos, no saben cuánto demora el procesamiento de datos en la oficina central del SISFOH en Lima, por lo que son incapaces de informar al respecto.

En San Pedro, la incertidumbre suele ser aún mayor entre quienes viven lejos de la ciudad, por la cantidad de tiempo que toma trasladarse a ella y la escasa comunicación dentro de la provincia. Para ellos, acudir constantemente a la oficina de la ULE resulta imposible. En una entrevista, una persona nos explicó cómo, después de pedir que la empadronasen, se acercó varias veces durante las fechas de pago de los programas sociales a Lagos —una localidad de la provincia de San Pedro donde se realizan los pagos a las comunidades aledañas—, para preguntar al coordinador de Juntos cuándo iba a recibir la contestación a su solicitud. Nunca se le dio una respuesta concreta.

Lo mismo ocurre cuando la persona ya ha sido empadronada. Varios de los testimonios recogidos en Lagos indican que se puede esperar hasta dos años para obtener una respuesta sobre el ingreso al padrón de beneficiarios de Juntos o de Pensión 65, y que el tiempo mínimo de espera es de ocho meses, durante los cuales no se recibe ninguna noticia sobre el progreso del trámite. Algunos entrevistados mencionaron que durante los primeros meses después del empadronamiento hicieron el esfuerzo de trasladarse de sus comunidades a Lagos para verificar el padrón. Luego dejaron de hacerlo, hasta que en algún momento se enteraron de su incorporación al programa a través de otras personas, como vecinos o conocidos que ya están afiliados.

Lamentablemente, la incertidumbre no acaba aquí. Por entrevistas a usuarios de Pensión 65 supimos que es también común que alguien figure en el padrón de beneficiarios, pero que no pueda cobrar el dinero por un largo periodo de tiempo. Uno de ellos nos contó cómo eso le sucedió a él durante todo un año: cada vez que iba al Banco de la Nación, se le indicaba que no tenía crédito. Cuando hablamos con él, el problema ya se había solucionado, pero nunca se le ofreció una explicación, a pesar de que en varias ocasiones buscó al coordinador del programa para que se lo aclarara. Por lo demás, ninguno de los pagos atrasados fue reembolsado. Este usuario no había presentado ninguna queja, probablemente porque su único contacto con el programa era el coordinador, quien había sido incapaz de ayudarlo.

Situaciones como estas resultan preocupantes, no solo porque dan carta abierta a los malos manejos, sino porque son evidencia de un maltrato a las personas, lo que provoca que su relación con el Estado —representado en este caso por Pensión 65— sea de desconfianza. La imposibilidad de este usuario de presentar una queja formal, no solo por su desconocimiento del problema, sino también por su escaso contacto con el programa y la nula disposición del coordinador a ayudarlo, le impide obtener justicia. Esto, como hemos ido viendo a lo largo del trabajo, no solo afecta a la persona en tanto no recibe lo convenido, sino en su derecho de reclamar lo que el Estado le ha ofrecido. Es una situación que menoscaba la condición de ciudadano y que, a la vez, contradice la lógica estatal de eficiencia, poniendo de manifiesto las deficiencias en la ejecución del programa.

Los excluidos del programa

La ya mencionada resolución ministerial que establece la incorporación casi automática de los pueblos indígenas de la Amazonía (comunidades nativas) a los programas sociales, por considerarlos en pobreza extrema, se traduce en que los excluidos corresponden únicamente a la población que no es indígena. Si bien, como vimos, la incorporación de la población indígena a estos programas puede tardar incluso años, estas personas son conscientes de que tarde o temprano la obtendrán. Por ello, los promotores aprovechan su labor de monitoreo de los centros de salud y escuelas en las diferentes comunidades nativas para exhortar a la población a tener sus documentos listos para, *lo antes posible*, comenzar a recibir el beneficio.

Muy distinto es el caso de la población no indígena, cuya exclusión de los programas es muy similar a lo observado en San Miguel. Aquí también las personas se resignan a aceptarla después de acudir varias veces a la oficina de la ULE y agotar todas sus esperanzas, y aquí también suelen desconocer los criterios que determinan esa decisión. Ello se evidencia en los testimonios de dos mujeres que entrevistamos durante nuestra visita a la Comunidad Nativa de San Antonio.

Tras haber visitado la mayoría de hogares de esa comunidad, llegamos al de Lucía (39 años), beneficiario de Juntos. La familia había vivido siempre en ese lugar. Al momento de llegar, dos mujeres estaban con ella: Juana y Cecilia. Las tres estaban preparando unos materiales que iban a enviar al colegio de sus hijos. Durante la conversación con Lucía, Juana y Cecilia se mostraron muy interesadas, al punto que al acabar, nos pidieron ser entrevistadas también, aduciendo que tenían muchas cosas que decir y que además querían aprovechar para hacernos algunas preguntas sobre los programas sociales. A diferencia de Lucía, Juana y Cecilia no eran de esa comunidad nativa, sino de un centro poblado aledaño. Nos explicaron que desde que escucharon hablar de Juntos, buscaron incorporar a su familia en el programa. Habían ido en más de una oportunidad a la ULE con la documentación necesaria, pero la respuesta siempre había sido negativa. Con el paso del tiempo, dejaron de insistir.

Juana pensaba que esto se debía a que su familia posee una pequeña tienda en su vivienda. Ella y Cecilia habían oído mencionar que ello es motivo suficiente para excluir a una familia del programa, porque este se enfoca en los hogares más necesitados. Durante toda esta conversación, a la que se unió de nuevo Lucía, ninguna aludió a la categoría de pueblos indígenas amazónicos para explicar el porqué de la inclusión de ciertas familias. Resulta interesante que cuando se les habló de la incorporación casi automática de estos pueblos de la Amazonía en los programas sociales, las tres reconocieron que, efectivamente, en el centro poblado donde viven Cecilia y Juana muy pocas familias son beneficiarias de un programa social, a diferencia de los miembros de comunidades nativas.

Este desconocimiento que muestran Lucía, Juana y Cecilia sobre los criterios que se usan para incorporar o excluir de los programas a la gente está muy extendido. Como en el caso de San Miguel, la población que no ha sido afiliada a un programa suele atribuirlo a que su situación económica es mejor que la de otras familias. Por eso Juana alude a la tienda familiar. La situación de Juana y Cecilia es entonces distinta a la de Lucía, cuya familia sí es beneficiaria de Juntos porque vive en una comunidad nativa, aun si las diferencias entre las tres no parecen ser significativas, considerando que todas llevan a sus hijos al mismo colegio, viven muy cerca y en condiciones similares. Ninguna sabía que para el Estado esto son solo datos secundarios y que lo que prima para ser incorporado en un programa social es la categoría de "pueblo indígena".

En cuanto a Pensión 65, durante nuestra visita conocimos a muchos adultos mayores de comunidades nativas que no estaban afiliados a ese programa. Salvo uno que contó que fueron a empadronarlo cuando no se encontraba en casa, el resto aseguró haber sido ya empadronado, hace meses e incluso años. Algunos dijeron que los empadronadores les habían explicado que era cuestión de tiempo porque sus papeles estaban en regla, mientras que para otros el trámite se había entrampado.

En esta zona, el principal motivo por el que se excluye a la gente de un programa es no contar con el DNI, un problema muy frecuente entre los adultos mayores de comunidades nativas. Muchos no tienen una partida de nacimiento, fundamental para tramitar el documento de identidad, y no saben en qué municipalidad fueron inscritos. Ese era el caso de Julia, una mujer de 70 años, la mayor de su comunidad. Como en la municipalidad del distrito donde vive no se hallaba su partida de nacimiento, le otorgaron una constancia de no inscripción. Con ese documento se había acercado al municipio para tramitar finalmente la partida, pero sin lograrlo porque no había podido cumplir con algunos requisitos: por ejemplo, contar con dos testigos mayores que ella que certificaran su lugar de nacimiento.

El operativo de pago

El anuncio de los pagos

El operativo de pago en San Pedro no es muy distinto al de San Miguel. Aquí también los pagos son anunciados por los promotores de los programas sociales con una anterioridad que oscila entre una semana antes y la tarde anterior. Las listas se imprimen en la oficina de la ULE, algunas se pegan en una pared frente al Banco de la Nación, mientras que otras se envían a los centros poblados más desarrollados que centralizan los pagos de las comunidades nativas colindantes, como vimos en el caso de Lagos. Luego, los funcionarios de cada programa elaboran el cronograma de pago, que se anuncia a través de la radio local. Estos empleados también coordinan con los municipios de las localidades donde se realizan los pagos, aunque con bastantes dificultades debido a las distancias, la dispersión territorial de los beneficiarios y las limitadas vías de comunicación. Por eso el proceso de pago puede llegar a extenderse más allá de las fechas programadas, e incluso abarcar varias semanas, aunque esto varía, dependiendo del programa social.

Una diferencia muy significativa entre San Miguel y San Pedro es el trabajo que realizan los promotores de los programas con la población beneficiaria. Mientras que en San Miguel ellos son solo una de las instancias a las que los beneficiarios acuden, en San Pedro los promotores son prácticamente el único nexo que tienen los usuarios con los programas. Conocidos en las comunidades como "ingenieros", estos funcionarios cumplen muchas funciones. Como se verá más adelante, su labor es esencial.

La consulta en el padrón

El operativo de pago comienza cuando se imprime la lista de beneficiarios y se comunica la fecha en que podrán cobrar. Al igual que en San Miguel, en San Pedro la radio constituye el principal medio para difundir esta información.

Una vez conocida la fecha de pago, los beneficiarios deben organizarse para acudir al Banco. En el caso de las familias usuarias de Juntos, las madres lo hacen de modo que puedan ausentarse de sus hogares toda la mañana y parte de la tarde. Se levantan antes del amanecer para cocinar y dejar todo listo. Si tienen hijos pequeños, buscan a algún familiar o vecino que pueda cuidar de ellos, para no tener que llevarlos e incursionar en más gastos. En el caso de los usuarios de Pensión 65, como muchos de ellos no pueden movilizarse solos por su avanzada edad y/o por motivos de salud, acuden a sus familiares más cercanos para que los acompañen.

Una vez que han llegado al distrito en donde se efectúa el pago, las madres de Juntos se aproximan a las listas de beneficiarios, donde (a veces con la ayuda de un promotor) buscan sus nombres. Recién en ese momento las que han sido suspendidas se percatan de su situación. La gran mayoría sostiene que su familia ha merecido la suspensión en algún momento; algunas incluso señalaron que en más de tres ocasiones.

La suspensión del pago

Como ya dijimos, la suspensión en Juntos puede deberse a dos motivos: la inasistencia de los hijos al colegio o el incumplimiento de sus controles médicos. Mientras que en San Miguel las madres son quienes tramitan las constancias respectivas en los colegios y centros de salud, en San Pedro, según los testimonios recabados, son los promotores quienes se encargan de ese trámite, como parte de su función de monitoreo.

Otro motivo para ser suspendido del programa es no haber actualizado los datos que figuran en el sistema. Lo más frecuente es que ello se deba a un cambio de domicilio. Conocimos a muchas familias que tuvieron que mudarse a una comunidad cercana debido al desborde del río.

En cualquiera de los casos, quienes han sido suspendidos deben viajar a la oficina de Juntos, situada en la capital de provincia, para regularizar su situación. En nuestra visita a esa dependencia pudimos comprobar que son muchas las mujeres que acuden con sus hijos buscando ser atendidas. Si bien nos dijeron que la atención es buena, la espera es larga.

El cobro del beneficio

Ya en el Banco, los beneficiarios que viven en la ciudad o cerca hacen cola para ser atendidos en las ventanillas. En esta agencia, las gestiones que realizan los promotores para organizar la atención son fundamentales. Ellos no solo exigen que se dé una atención preferencial a quienes están adscritos a los programas, sino que (más importante aún) organizan la cola, priorizando a quienes provienen de comunidades nativas, algo que ellas valoran mucho. Según una usuaria de Juntos, desde que su familia se había incorporado al programa, solo recordaba una oportunidad en que el promotor no estuvo en el Banco al momento de los pagos, al parecer porque había viajado a Lima. Recuerda también que en esa ocasión nadie organizó la cola, lo que perjudicó a todos.

A diferencia de San Miguel, en San Pedro la gran mayoría de entrevistados de Juntos y Pensión 65 sostiene que, a pesar del fastidio de tener que hacer una larga cola, ya dentro del Banco, el trato, tanto del personal como de los demás clientes, es bueno: en la ventanilla solo se les pide su DNI y el comprobante de pago anterior, y con esto en mano, el trámite transcurre con normalidad. No obstante, recabamos algunos testimonios de usuarias de Juntos a quienes, una vez en la ventanilla, se les dijo que no podían cobrar, sin más explicaciones, como indica una de ellas:

> Un señor [...] me rechazó, pues: *no, no te toca a ti*. Un señor, un viejo así. Ya pues, yo obligado tuve que salir de ahí. *Gracias*, le dije y salí. Regresé así nomás, sin nada. He regresado para mi casa, ¿qué puedo hacer? Tampoco puedo entrar otra vez al banco a hacer otra vez la cola. (Andrea, 30 años, Comunidad Nativa de San Antonio)

Una opinión que comparten todos es que en situaciones como la de Andrea, exigir información o protestar no conduce a nada. Se asume de inmediato que si algo anda mal con el pago, la responsabilidad es de uno, lo que al parecer se refuerza en las reuniones que organizan los promotores de Juntos en las comunidades nativas con las familias usuarias. Según nos dijeron, durante el año 2015 solo se hicieron tres. Pero en estos eventos los promotores aprovechan para recordar a las madres las condiciones del programa, especialmente a aquellas cuyas familias recién se incorporan, y para advertirles que la suspensión es de su entera responsabilidad.

Por último, a las comunidades nativas más alejadas se les lleva el dinero mediante empresas de traslado de valores y el cobro se realiza en un día único, en alguna institución pública (como el colegio de la comunidad).

Conclusiones

Viejos y nuevos actores

Uno de los principales hallazgos de este trabajo es la constatación de cambios y permanencias en el carácter de los actores locales involucrados en las políticas redistributivas que nos interesan: esto se observa tanto entre los actores del Estado —sus funcionarios y las autoridades electas—, como entre los de la sociedad —los beneficiarios de programas sociales.

En lo que respecta a atributos que persisten, encontramos que los beneficiarios siguen siendo los mismos que históricamente han reclamado políticas de inclusión: en la zona andina, la población campesina, en especial las comunidades altoandinas; en la Amazonía, las comunidades nativas.

En lo que respecta a cambios, identificamos algunos entre los funcionarios del Estado, probablemente producto de los procesos de democratización, migración y profesionalización de las últimas décadas. En los dos lugares estudiados, los "notables" locales que ocupaban puestos en las principales agencias del Estado han dado espacio a nuevos funcionarios que provienen de sectores populares, e incluso del ámbito rural. Esto es particularmente evidente entre los funcionarios de más bajo rango, aunque también se lo observa en las categorías más altas. Por ejemplo, las autoridades electas y algunos funcionarios municipales en San Miguel alegaban ser "hijos de campesinos", diferenciándose así de los hacendados que controlaban las instituciones del Estado hasta el siglo pasado; una situación que no es abiertamente reivindicada en el caso de San Pedro.

Esto último cobra importancia cuando advertimos que son los funcionarios de "bajo rango" los encargados de atender directamente a los usuarios de programas sociales, constituyendo así la línea de frontera entre el Estado y esa población (Grindle 1980, citado en Migdal 2004: 107). Son ellos quienes representan la puerta de entrada al Estado para ese sector, y por lo tanto, sus acciones definen en gran parte las políticas y servicios que se brinda a esos ciudadanos (Lipsky 2010). Son burócratas que se hallan en una "zona de fuego cruzado", pues tienen que cumplir lo que el Estado ordena "desde arriba" y a su vez atender las demandas de la población. Esta dinámica afecta la manera como se aplican los programas sociales.

Dadas sus características, estos funcionarios no suelen percibirse a sí mismos como el *otro* con respecto a la población: tienden más bien a separarse en su discurso de los que se encuentran en rangos más altos, en el ámbito central, asegurando incluso desconocer los procesos que se desarrollan ahí. Lo comprobamos en el caso de los funcionarios de las ULE, quienes responsabilizan a la oficina central del SISFOH en Lima de la larga espera para saber el resultado de la focalización, afirmando no saber el motivo. Por otro lado, tratan de resolver las contradicciones que existen entre los mandatos del Estado y su aplicación, adaptando las políticas de manera que las ordenes se cumplan sin que sus efectos amplíen aún más las brechas, tanto tangibles como simbólicas, que existen con la población. Esto pudo observarse en San Pedro, en el caso de los funcionarios de Juntos que ayudan a organizar el operativo de pago.

Volviendo a los beneficiarios, los cambios y permanencias varían según el programa y la región.[4] Mientras que en San Pedro no existen organizaciones específicas de usuarios de los programas sociales, en San Miguel se han creado las juntas de beneficiarias del programa Juntos, cuyas dirigentes (mujeres) poseen dos perfiles: son "herederas" de los sindicatos campesinos de la región que se movilizaron en la segunda mitad del siglo pasado; y son producto de los espacios de capacitación de "promotores de desarrollo" y de "líderes comunales" propiciados por diferentes ONG y agencias de cooperación internacional y multilaterales, desde finales del siglo pasado.

Para entender estos nuevos tipos de representación y liderazgos en el país, es importante saber cuál es la naturaleza de estas organizaciones. Por un lado, estas entidades funcionan como plataformas para formular demandas específicas y manejar las falencias en la aplicación de políticas públicas. Por otro, su rol de representación es limitado, porque estas demandas no se expresan en términos de derechos. Aunque es posible que en un futuro cercano estas organizaciones den lugar a liderazgos individuales que alcancen cargos de representación del Estado a escala local, es difícil determinar si estos líderes podrán representar debidamente a la población, en especial a la que vive en una situación de pobreza y vulnerabilidad.

4. En ambos espacios se encuentran diferencias importantes entre quienes provienen de zonas rurales, generalmente dedicados a la agricultura o a la pesca y recolección, y quienes lo hacen de zonas urbanas, que usualmente viven de la venta de productos menores en mercados o de forma ambulante, así como de las limosnas.

La dinámica de los programas sociales

En general, como se ha visto, existe un gran desconocimiento sobre los objetivos y el funcionamiento de los programas sociales. Para las familias beneficiarias de Juntos, esto se traduce en una constante suspensión del beneficio por no cumplir con los requisitos (las corresponsabilidades), una situación que a menudo es percibida como injusta. A ello se suma que no existe una voluntad por parte de los funcionarios de explicar adecuadamente los lineamientos del programa. Su trabajo con los beneficiarios se centra más en recopilar los datos y documentos necesarios que en proporcionar información.

El desconocimiento de la población lleva a que quien busca incorporarse a un programa social viva una experiencia cargada de incertidumbre. En primer lugar, se sospecha de los criterios que se utilizan para afiliar a las personas. Entre aquellos que no han sido clasificados como pobres o pobres extremos es muy frecuente el reclamo de que sí merecen serlo y recibir el beneficio. Esta situación se agrava cuando observan que otros miembros de su localidad que, en su opinión, gozan de una situación económica similar o incluso mejor, sí han sido afiliados a algún programa. En segundo lugar, esta incertidumbre se acrecienta al no obtener una respuesta definitiva de los funcionarios de las ULE y los programas sobre su incorporación: en el caso de San Miguel, los servidores públicos optan por brindar respuestas esperanzadoras para no decepcionar a quienes se acercan a sus oficinas y evitar conflictos con la población.

Ante esta incertidumbre, algunos desisten de su empeño de afiliarse a un programa social, sobre todos aquellos que viven lejos de las ciudades, debido a las dificultades que suponen los viajes. Sin embargo, un gran porcentaje de esta población no pierde la esperanza: continúa acercándose a las oficinas correspondientes, consultando las listas de beneficiarios y solicitando información. Con la expectativa de lograrlo en algún momento, la espera marca el largo camino hacia su incorporación.

Así, la espera se convierte en el rasgo principal de la relación entre el Estado y las personas que viven en la pobreza y que buscan afiliarse a algún programa social. Esta no es una característica trivial por dos motivos: en primer lugar, porque es la imagen —en tanto abstracción— que del Estado se forman los individuos a los que este subsume bajo su mandato (Migdal 2004, Gupta 2012); en segundo lugar, porque la constante exposición a las exigencias de los burócratas (entre ellas, la espera) estaría determinando la formación de subjetividades incompatibles con el concepto de ciudadanía, particularmente cuando esas exigencias se dirigen a grupos históricamente subordinados.

Aquí hay que tener en cuenta, como señala Chatterjee (2007), que la lógica que guía el funcionamiento del aparato estatal es la de dividir a la población en grupos para poder gobernarla. De esta manera, las políticas que se dirigen a los grupos subordinados —como es el caso de los programas sociales— tienen rasgos particulares que determinarán la posición de estos grupos ante el Estado, algo que se evidencia con claridad en el lenguaje utilizado formalmente por los burócratas para denominarlos. Así, se habla de "beneficiarios", en lugar de "ciudadanos", lo que indica que los individuos que componen dichos grupos, cumpliendo ciertos requisitos, se hacen acreedores de un "beneficio" monetario y no de un derecho ciudadano. Por lo tanto, los individuos asumen que no pueden tener pretensiones sobre ese beneficio. Todo lo contrario: para hacerse "merecedoras" de él, estas personas deben cumplir con lo que los burócratas requieren de ellas, lo que a veces va más allá de las condiciones formales determinadas por la política pública. Uno de estos requerimientos es que sean capaces de esperar pasivamente un largo periodo de tiempo para obtener una respuesta, en la más completa incertidumbre.

Estas “lecciones políticas” (Lipsky 1984 [2010], en Auyero 2012) funcionan de dos maneras que se pueden identificar en ambos casos estudiados. En primer lugar, al ser puestas en marcha por los burócratas de la ULE y de los programas sociales, ordenan las conductas de quienes están afiliados o buscan estarlo a los programas sociales. Así, por ejemplo, las mujeres cuyas familias han sido incorporadas a Juntos saben que durante los días de pago, tienen que llegar temprano al Banco, hacer una larga cola y esperar, un comportamiento que exigen tanto los funcionarios del Banco como los del programa. En segundo lugar, los pobres aceptan su sumisión a los burócratas, lo que se demuestra cuando la larga e incómoda espera para cobrar pasa a ser considerada una situación natural. De esa manera, el Estado ejerce control y disciplina a estos grupos.

Cabe decir que este ejercicio de disciplina no acarrea necesariamente una falta de agencia y acción entre quienes conforman los grupos, como señala Auyero (2012) para el caso de Argentina. Existen personas que formulan demandas específicas, de manera personal o a través de organizaciones (como las que se han visto en San Miguel). Aunque estas demandas aún no llegan a cuestionar abiertamente las exigencias impuestas (particularmente, la espera), ni las diferencias en el trato del Estado con otros grupos poblacionales, pueden ir convirtiéndose poco a poco en vehículos que permitan dar una voz a demandas más amplias –posiblemente en función de la ciudadanía–, lo cual dependerá de si alcanzan o no el espacio político a través de sus propios representantes y de si se forman algo más que liderazgos individuales.

Reconfiguración de las relaciones Estado-sociedad

Otro de los hallazgos de esta investigación se refiere a la capacidad de los beneficiarios y potenciales beneficiarios de organizarse como respuesta a la incertidumbre que genera incorporarse a un programa social, algo que depende tanto del contexto como del programa. En lo que respecta al programa social, según lo observado, cuanto mayor es la exigencia en el cumplimiento de los requisitos para acceder al pago, mayor es la organización. De esta manera, como el programa Juntos es más estricto que Pensión 65 (aunque la información tampoco es clara), se requiere centralizar las funciones para que los requisitos se cumplan y el operativo de pago no se trunque. Por otro lado, en lo que concierne al contexto, la capacidad de organizarse difiere por varios factores: la Resolución Ministerial N.° 227-2014-MIDIS que determina la inclusión casi automática de las comunidades nativas (o pueblos indígenas de la Amazonía) en los programas sociales; la tradición organizacional (el caso de San Miguel); y las particularidades de cada una de las zonas que abarcan los programa sociales (como la ausencia o existencia de vías de comunicación).

Asimismo, otro hallazgo apunta a la importancia de algunos factores personales que contribuyen tanto a desincentivar la participación en organizaciones de beneficiarios, como a generar liderazgos en estas entidades. En el caso de San Miguel, se ha identificado que las beneficiarias de Juntos más vinculadas a centros urbanos, y que saben leer y escribir, suelen desconfiar de las Juntas y prefieren hacer sus trámites personalmente, pues conocen mejor cómo funciona el programa. Al mismo tiempo, algunas mujeres con las mismas características que las anteriores, pero con una trayectoria de participación en instituciones o programas de desarrollo (públicos o privados), se perfilan como lideresas de esas Juntas. Esto último podría significar que los programas sociales, sin proponérselo, están abriendo espacios de participación, aunque en contextos de casi exclusiva intervención de las mujeres y muy determinados por su género.

Por otro lado, constatamos que las críticas y conflictos que se derivan del funcionamiento del programa (sea Pensión 65 o Juntos) apuntan a las organizaciones de beneficiarios u a otros beneficiarios, en lugar de a los funcionarios o al programa social. Esto genera problemas entre los beneficiarios y reduce la posibilidad de que manifiesten su descontento de manera organizada. Solo hay algunos reclamos individuales, que casi nunca se dirigen directamente a los representantes del programa. En ese sentido, es revelador que no se hayan escuchado quejas sistemáticas sobre los elementos más problemáticos de cada programa, como el operativo de pago, a pesar de los grandes inconvenientes que genera. Impera entonces la "lógica del beneficiario", según la cual cualquier falencia o dificultad se justifica por el dinero que se recibe, percibido como una "ayuda" y no como un derecho. De este modo, una organización como la junta de beneficiarias de San Miguel estaría funcionando más como una estrategia para cubrir las falencias, que como un canal para expresar críticas y exigir mejoras a los programas sociales.

Capítulo 6

Conclusiones generales

Este libro ha buscado exponer nuevas formas de relación entre el Estado y la sociedad. Más que evaluar el funcionamiento de los programas sociales, pretendimos utilizarlos como entrada para conocer las prácticas de los burócratas de la calle con la población. Por un lado, observamos sus tareas cotidianas, caracterizadas por la contingencia y por unos resultados marcados por la incertidumbre. Por otro lado, vimos cómo esta misma incertidumbre determina de manera sustancial la forma como la gente se vincula con el Estado a través de estos funcionarios. Se presenta un escenario donde la burocracia local no tiene un control ni un conocimiento de los resultados de su labor, lo que determina su interacción con los usuarios y posibles usuarios de programas sociales, que encuentran una serie de dificultades —trámites y requisitos— para incorporarse a los programas sociales y permanecer en ellos.

El Estado a través del SISFOH

El cuarto capítulo nos ha permitido comprobar cómo la burocracia de primera línea del SISFOH comparte características con la de otros programas o instituciones públicos. Hasta cierto punto, lo relatado parece confirmar los hallazgos de investigaciones previas. En lo que respecta a las condiciones laborales, advertimos que el personal de las ULE no tiene estabilidad y que, debido a las limitaciones económicas de las municipalidades, sus remuneraciones son bajas (Palomino et ál. 2013). Asimismo, que enfrenta una serie de dificultades para llevar a cabo el empadronamiento. Esto es especialmente evidente en la Amazonía, donde hay problemas de comunicación (Correa y Roopnaraine 2013). En cuanto al grado de discrecionalidad de los funcionarios locales, si bien la influencia de los políticos locales ha menguado (Díaz et ál. 2009, Zárate et ál. 2012), principalmente a través de los "candados" que se han diseñado para el proceso de focalización, las prácticas de esta burocracia son aún discrecionales, sobre todo debido a su necesidad de adaptar este proceso al contexto local. Cuestiones como el tiempo que toman los viajes y el grado de conocimiento de las localidades desempeñan aquí un papel importante (PCM 2010, Correa y Roopnaraine 2013, Díaz et ál. 2009), y llevan a los funcionarios a ajustar sus procedimientos de atención y empadronamiento (Correa y Roopnaraine 2013, Díaz et ál. 2009; Huber et ál. 2009, Silva 2017).

El aporte de esta investigación es principalmente de corte teórico. Concebir al Estado como un actor-red (Passoth y Rowland 2010) nos ha permitido prestarle atención a factores, prácticas y relaciones que de otra manera podrían pasar desapercibidos. Observar al Estado ejecutar sus políticas poblacionales, no como un ente monolítico, sino como una red de relaciones entre humanos y no-humanos, nos permite aprehender los usos cotidianos que los burócratas le dan a los objetos con los que trabajan.[1] Así, por ejemplo, hemos

1. Una sugerencia similar para "desmembrar" analíticamente el Estado, la encontramos en Tanaka 2010 y Dargent 2012.

podido constatar que para el proceso de focalización, esta burocracia emplea los distintos formatos adaptándolos al contexto local. Por ello, esos documentos funcionan como dispositivos o artefactos (Freeman y Maybin 2011), es decir, como herramientas de trabajo con las que los burócratas construyen la información que el Estado usará para aplicar políticas poblacionales.

Si bien aplicar prácticas que se apartan de lo oficial y construir a la vez información confiable puede parecer algo contradictorio, es precisamente en este punto donde optar por la confiabilidad antes que por la realidad de los datos resulta clave. Las limitaciones materiales del Estado hacen que resulte imposible supervisar directamente a cada ULE del país, especialmente a las que se encuentran en zonas poco comunicadas. Por eso termina siendo lógico trabajar con datos "lo suficientemente reales" (Law 2009) como para que circulen en el sistema. En otras palabras, se trata de datos en los que puede confiar la siguiente instancia de la cadena de circulación de información. Esta es una estrategia mediante la cual se procura utilizar de manera eficiente las capacidades y recursos de las ULE. A fin de cuentas, lo que trata de hacer el Estado es aplicar una política a la población. El peor escenario posible no es ponerla en práctica con datos que no se ajusten cabalmente a la realidad —lo que probablemente provoca las conocidas "filtraciones" de los programas sociales—, sino dejar de aplicarla. Es decir, que la información se detenga y que no se provean los beneficios de los programas sociales a los ciudadanos que los requieren.

El SISFOH no puede ser descrito como una burocracia weberiana (Sharma y Gupta 2006). No obstante, sus operaciones tampoco pueden ser referidas como una sucesión de "sacadas de vuelta" de sus burócratas locales a la normatividad en busca de beneficios personales, ni como una resistencia intencional y abierta de estos funcionarios a las decisiones de los tecnócratas del gobierno nacional.

Por el contrario, sus prácticas informales o "aformales" (Gandolfo 2013) son estrategias que permiten dar continuidad al sistema (Law 2003). Por ello, de existir una pretensión tecnocrática, esta no sería la de representar exactamente la "realidad" a través de procedimientos e instrumentos técnicos –algo que, de un tiempo a esta parte, se ha convertido en un sentido común en el discurso público sobre los tecnócratas–,[2] sino la de conseguir que el sistema perdure, un objetivo que de una u otra manera se logra.

Los beneficiarios y la relación con el Estado

El quinto capítulo nos muestra el reverso de lo anterior, complementando lo que se concluye sobre el funcionamiento del aparato estatal a través del SISFOH y los programas sociales. Así como el capítulo sobre los burócratas locales nos muestra que su lógica consiste, en buena medida, en mantener al sistema operando a pesar de sus deficiencias, el quinto nos aproxima a las experiencias (individuales o en grupo) de las personas con la burocracia local y a las diversas estrategias de un lado y otro.

Como se ha visto, estas estrategias responden a distintos intereses. Por un lado, la acción del Estado –manifestada aquí a través del SISFOH y sus funcionarios– se enmarca en un intento de simplificar, clasificar y delimitar grupos en la población, es decir de hacer "legibles" a los agregados de personas, como instancia previa para su intervención (Scott 1998). La focalización no es otra cosa que un intento de estandarizar a la población y, en este caso particular, de establecer límites entre quienes quedan dentro y fuera del ámbito de intervención de los programas sociales. Por otro lado, las personas responden desplegando estrategias para ser incluidas

---

2. Sobre los tecnócratas, véase Dargent 2014 y Gálvez y Urrutia 2016.

o para permanecer en esos programas; en consecuencia, buscan ser clasificadas como pobres o pobres extremos, enmarcándose así en la misma lógica estatal de segmentar a la población.

A lo largo del texto, se pudo observar que la serie de procedimientos, estándares y datos que engloba la mirada del Estado no permiten captar la complejidad de los contextos en los que opera, lo que deriva en una incompleta delimitación del sector en pobreza. Esto, a su vez, genera entre las personas excluidas de los programas sociales la impresión de que se ha cometido una injusticia con ellas. Esto se debe, en parte, a su desconocimiento de los criterios de la focalización, pero también a que comparan su situación socioeconómica con la de otras personas que sí han sido afiliadas. Al mismo tiempo, quienes han sido incorporadas a un programa social, experimentan todo tipo de dificultades y una gran incertidumbre, que se derivan de la puesta en marcha de esos programas. Es justamente en estas situaciones en las que los receptores terminan asumiendo una posición de "beneficiario" y no de "ciudadano", algo que se refleja en sus conversaciones cotidianas y en su modo de actuar.

Esta lógica se asume debido a la exposición de los usuarios a una serie de interacciones con los funcionarios de los programas sociales y del Banco de la Nación, así como (en el caso de Juntos) con el personal de los centros de salud y escuelas donde deben llevar a sus hijos. A través de una serie de mecanismos tácitos, estas interacciones refuerzan un estado de subordinación y de escasa agencia entre los usuarios. Así, ellos deben esperar pacientemente, cada dos meses, el dinero que les asigna el Estado, pero no asumen la posibilidad de hacer reclamos, aun si están en desacuerdo con algunos aspectos.

Solo en contadas oportunidades se formulan quejas estructuradas sobre los tiempos de espera y la poca información que caracterizan la experiencia de ser usuario de un programa social. Sin embargo, cuando las hay, se trata solo de hechos individuales y aislados que se dirigen a los representantes del SISFOH, de Juntos, de Pensión 65 o de las instituciones estatales vinculadas a los programas sociales. En particular, la brecha entre lo que se espera del programa y cómo este funciona en la realidad genera una gran frustración entre los usuarios, pero no lleva a una articulación política. Se trata de una situación similar a la que describe Auyero (2012) en su estudio sobre las oficinas de programas sociales en Argentina, en donde la lógica del "paciente" permea las interacciones entre los usuarios y los burócratas. De esta manera, los usuarios terminan asumiendo y reproduciendo las exigencias de sumisión de estos funcionarios, lo que permite a los últimos llevar a cabo su trabajo.

Sin embargo, hay que precaverse de conceptuar a la sociedad como una entidad homogénea en su vinculación con el Estado. Como hemos visto, las respuestas de los actores, manifestadas en su interacción con los servidores públicos, están determinadas por factores individuales, contextuales e históricos. Uno de los principales hallazgos del capítulo cinco es el diferente grado de capacidad y de recursos con que cuentan los usuarios de programas sociales para sortear la incertidumbre. Lejos de una relación dicotómica de la sociedad con el Estado, este capítulo nos muestra la importancia de desagregar, en el análisis, a los distintos actores individuales y colectivos (Migdal 2004).

En tal sentido, un componente crucial es el nivel organizativo de la sociedad. El caso de las beneficiarias de Juntos en San Miguel responde a tres condiciones: i) las características infraestructurales de la zona, que dificultan el funcionamiento del programa al causar problemas específicos, especialmente en el operativo de pago; ii) la tradición organizacional de la población, que provee a las beneficiarias de una serie de conocimientos que las impulsa a utilizar estrategias de grupo para enfrentar estas dificultades de manera más eficiente; iii) la trayectoria de participación en otro tipo de organizaciones (como programas de desarrollo), que proporciona conocimientos y capacidades útiles en términos políticos; y iv) factores individuales, como el nivel educativo, principalmente el hecho de saber leer y escribir.

Finalmente, la falta de información sobre cómo incorporarse a los programas sociales y cómo estos funcionan; la espera en la oficina de la ULE, en el Banco o en el centro de salud; la incertidumbre que ambas situaciones generan; la naturaleza de las interacciones entre los que logran afiliarse a un programa social y lo que no; las condiciones físicas en las que se efectúa el cobro de beneficios; la atención que reciben los beneficiarios en cada una de las dependencias a las que deben acudir, todas estas situaciones ratifican la idea de que recibir dinero de un programa social no es un derecho que se deriva del estatus de ciudadanía que el Estado debiera garantizar a todos, hombres y mujeres, por igual. Por el contrario, tanto quienes lo reciben como los que no, tanto los funcionarios del SISFOH como los de los programas sociales, y en general, todas las personas, solo lo consideran un "beneficio" o una "ayuda" particular.

Apuntes finales: un desencuentro entre las nociones de pobreza

Estudiar la ejecución de las políticas públicas de lucha contra la pobreza en el Perú desde estas dos aristas, el Estado y la población, nos revela un elemento crítico recurrente que afecta a los actores de uno y otro lado: las distintas concepciones de pobreza entre los funcionarios y quienes buscan ser incorporados a un programa social.

Por un lado figura la manera como el Estado (específicamente los funcionarios del gobierno nacional) concibe la idea de pobreza, que en este caso queda definida por indicadores económicos que se construyen a partir de datos recogidos por instrumentos y procedimientos diseñados por consultores, investigadores y gestores públicos. Para ellos, las señales que determinarán el nivel de pobreza de un hogar son condiciones estándar y verificables, como el material de la vivienda o la posesión de determinados artefactos y bienes.

Por otro lado, se encuentra la idea de pobreza de la población, que no coincide con la anterior. Quienes buscan ser beneficiarios de un programa social no conocen los criterios que emplean los burócratas para determinar su situación socioeconómica –no saben cuáles son las condiciones estándar y verificables que observan y recogen para construir indicadores de pobreza–, ni conocen el proceso de validación de esos datos que se desarrolla en el SISFOH. Por eso, su concepción de pobreza es más "relativa" que "objetiva". Su identificación como pobres depende más de su sensación de carencia o de su comparación con otras personas cercanas: "si alguien en condiciones similares a las mías es considerado pobre por el Estado, ¿por qué yo no?".

Sin embargo, como hemos podido observar en nuestro estudio, tanto los funcionarios de las ULE como la población hacen esfuerzos por tratar de reconciliar estas dos concepciones disímiles de pobreza. Debido a que el MIDIS delega el funcionamiento de las ULE a las municipalidades, los funcionarios de estas Unidades son personas de la localidad contratadas por la gestión municipal del momento. Estos funcionarios tienden a adoptar prácticas que tratan de ajustar los procedimientos de acopio de datos a las condiciones de la población, por ejemplo, adecuando las preguntas sobre el ingreso anual a las inestables actividades económicas a las que se suele dedicar la población rural. De esta manera, tratan de acercar la experiencia de pobreza vivida por esta población a los indicadores establecidos por el sistema.

No obstante, aquello que pueden hacer, desde su posición, se ve restringido por los objetivos que demanda la estructura organizacional del SISFOH, que se deben cumplir. Asimismo, sus funciones se encuentran delimitadas institucionalmente, por lo que su capacidad de adaptar los procedimientos de recojo de datos no necesariamente satisface por igual a todas las personas que buscan incorporarse a un programa social. Es decir, su rango de acción llega solo hasta el momento de enviar los datos recogidos por las ULE a la oficina central del SISFOH en Lima, que es el sistema de información que los valida y que determina la inclusión en el padrón de beneficiarios. Es en este punto en el cual, según los funcionarios locales entrevistados, parece existir una desconexión, pues ellos son incapaces de explicar qué factores concretos son los que determinan que una persona sea o no considerada pobre. Por otro lado, el tiempo que toma a los solicitantes obtener una respuesta final sobre su incorporación es imprevisible, lo que genera una doble incertidumbre. Así, el SISFOH es considerado, tanto por los funcionarios como por la población, una "caja negra" en la que la información entra sin poder determinar de antemano el resultado, y desde la que no hay ningún flujo de información de vuelta a la localidad, que permita manejar mejor la espera y la incertidumbre.

Por otro lado, ante esta incertidumbre, las personas también despliegan sus propias estrategias. Como se observó, asociarse con otros suele facilitar que quienes buscan ser beneficiarios sean incluidos en los programas sociales, como lo demuestra el hecho de que muchos consideran que es más efectivo ir en grupo a las oficinas de la ULE para averiguar sobre los trámites, que ir solo. De la misma manera, una vez afiliados, asociarse permite a los usuarios controlar mejor las dificultades en el operativo de pago y en los requisitos que deben cumplir para continuar en el programa.

Ya sea a través de la presión social o de la organización, las personas logran ser consideradas pobres, consiguiendo que su percepción de carencia corresponda a su clasificación socioeconómica. Igualmente, una vez afiliadas a un programa social logran manejar mejor las falencias concretas de su aplicación y romper con algunas situaciones que afirman de manera no explícita su estatus de subordinación, como la espera y la falta de información. Pero igual que en el caso anterior, esta estrategia tiene sus límites, que se derivan tanto de las oportunidades que les brinda el contexto para organizarse, como de la agencia de cada persona y las características y procedimientos establecidos institucionalmente. No obstante, es gracias a las prácticas y estrategias desarrolladas por ambos actores, las ULE y la población, que dos concepciones distintas de pobreza pueden coexistir sin que las tensiones entre ambas escalen, catalizando los mecanismos de control y subordinación que se ponen en marcha.

Finalmente, una nueva línea que traza esta investigación es la de cuánto rédito político trae consigo la tecnificación de las políticas sociales del Estado. Como hemos visto a lo largo de este libro, la relación de los burócratas con la gente puede ser considerada impersonal. Quienes buscan ser beneficiarios de un programa social se acercan a la oficina de la ULE para averiguar el resultado de un proceso técnico que su personal no domina.

En ese sentido, hay dos interrogantes que responder. En primer lugar, ¿de qué manera la naturaleza de "caja negra" del sistema termina provocando entre la población una incertidumbre sobre su modo de operar? Uno de los principios del sistema es que funciona sobre la base de criterios técnicos estandarizados, decididos de antemano por un conjunto de expertos, lo que permite (al menos en principio) aplicarlo en distintos contextos sociales y geográficos, sin tener que reconsiderar cada uno de los criterios de clasificación socioeconómica en cada interacción entre funcionario y persona. Sin embargo, el hecho de que las personas desconozcan cuáles son estos criterios técnicos y de que esos criterios no tengan que ser "negociados" con cada una de ellas, produce incertidumbre: a los pobres tan solo les queda esperar cumplir con esos criterios. De este modo, la propia seguridad del sistema podría terminar causando su cuestionamiento.

En segundo lugar, ¿de qué manera el empleo de criterios técnicos para reducir las "filtraciones" refuerza la sensación de incertidumbre entre la gente? Tecnificar la focalización de los programas sociales tiene como principal propósito usar de manera eficiente los recursos del Estado, es decir, otorgar los beneficios de los programas únicamente a quienes se considera pobres, bajo un criterio técnico, para evitar el uso político de esos programas. No obstante, las distinciones que surgen de esa clasificación tecnificada entre individuos que se perciben en una misma situación socioeconómica, pueden terminar reforzando la incertidumbre entre la población.

ANEXOS

Encarte

Anexo 2. FSU, formato S100 y antiguo formato 01-Solicitud de CSE/ACSE

INEI Instituto Nacional de Estadística e Informática

PADRÓN GENERAL DE HOGARES
FICHA SOCIOECONÓMICA ÚNICA

SisFoh
Sistema de Focalización de Hogares

Pag. 01

ESCRIBA CON LETRA MAYÚSCULA IMPRENTA. NO ACENTÚE LAS PALABRAS. CORRIJA CON CUIDADO. MARQUE ASÍ

A B C D E F G H I J K L M N Ñ O P Q R S T U V W X Y Z 0 1 2 3 4 5 6 7 8 9

I. LOCALIZACIÓN DE LA VIVIENDA

UBICACIÓN GEOGRÁFICA

1. DEPARTAMENTO
2. PROVINCIA
3. DISTRITO
4. CENTRO POBLADO — CÓDIGO — CATEGORÍA
5. NÚCLEO URBANO (NO APLICABLE PARA CENTROS POBLADOS RURALES) — CATEGORÍA

UBICACIÓN CENSAL

6. CONG. Nº
7. ZONA Nº
8. MANZANA Nº
9. Nº FRENTE DE MZNA
10. VIVIENDA Nº
11. ¿CUÁNTOS HOGARES HABITAN EN ESTA VIVIENDA?
12. HOGAR Nº

Los Ítems Nº 5, 7, 8 y 9 no son aplicables para centros poblados rurales

Sr(a): HOGAR es un conjunto de personas sean parientes o no, que ocupan en su totalidad o en parte una vivienda, comparten al menos las comidas principales y atienden en común otras necesidades básicas, con cargo a un presupuesto común.

13. APELLIDOS Y NOMBRES DEL INFORMANTE — Nº ORDEN

14. DIRECCIÓN DE LA VIVIENDA

TIPO DE VÍA: 1 AVENIDA 2 JIRON 3 CALLE 4 PASAJE 5 CARRETERA 6 OTRO

NOMBRE DE LA VÍA (EN LOS CENTROS POBLADOS RURALES, INDICAR ALGUNA REFERENCIA DE UBICACIÓN) — Nº DE PUERTA

BLOCK — PISO — INTERIOR — MANZANA — LOTE — KM. — TELÉFONO DEL DOMICILIO

PERSONAL RESPONSABLE

APELLIDOS Y NOMBRES DEL EMPADRONADOR (A) — DNI DEL EMPADRONADOR (A)

APELLIDOS Y NOMBRES DEL JEFE (A) DE BRIGADA — DNI DEL JEFE (A) DE BRIGADA

APELLIDOS Y NOMBRES DEL REVISOR (A) — DNI DEL REVISOR (A)

APELLIDOS Y NOMBRES DEL SUPERVISOR (A) — DNI DEL SUPERVISOR (A)

II. ENTREVISTA Y SUPERVISIÓN

VISITA	EMPADRONADOR(A) FECHA (dd-mm)	RESULTADO VISITA (*)
PRIMERA	DD-MM	
SEGUNDA	DD-MM	
TERCERA	DD-MM	

VISITA	JEFE(A) DE BRIGADA FECHA (dd-mm)	RESULTADO VISITA (*)
PRIMERA	DD-MM	
SEGUNDA	DD-MM	
TERCERA	DD-MM	

REVISOR(A)	FECHA (dd-mm)	RESULTADO REVISION (*)
PRIMERA	DD-MM	1 2
SEGUNDA	DD-MM	1 2
TERCERA	DD-MM	1 2

RESULTADO FINAL DEL EMPADRONAMIENTO

FECHA (dd-mm-aaaa): DD-MM-AAAA — RESULTADO (*)

(*) CÓDIGOS DE RESULTADO

1 Completa
2 Incompleta
3 Rechazo
4 Ausente
5 No se inició la entrevista
6 Vivienda desocupada
7 Otro (Especifique) (Sólo para el resultado final):

39134

ESCRIBA CON LETRA MAYÚSCULA IMPRENTA. NO ACENTÚE LAS PALABRAS, CORRIJA CON CUIDADO. MARQUE ASÍ ●

A B C D E F G H I J K L M N Ñ O P Q R S T U V W X Y Z 0 1 2 3 4 5 6 7 8 9

III. CARACTERÍSTICAS DE LA VIVIENDA

1. TIPO DE VIVIENDA

(Observe la vivienda y rellene sólo el óvalo ● que corresponda)

1 ◯ Casa independiente
2 ◯ Departamento en edificio
3 ◯ Vivienda en quinta
4 ◯ Vivienda en casa de vecindad (Callejón, solar o corralón)
5 ◯ Choza o cabaña
6 ◯ Vivienda improvisada
7 ◯ Local no destinado para habitación humana
8 ◯ Otro (Especifique) ________

2. SU VIVIENDA ES:

(Lea cada alternativa y rellene sólo el óvalo ● que corresponda)

1 ◯ ¿Alquilada?
2 ◯ ¿Propia, pagándola a plazos?
3 ◯ ¿Propia totalmente pagada?
4 ◯ ¿Propia por invasión?
5 ◯ ¿Cedida por el centro de trabajo?
6 ◯ ¿Cedida por otro hogar o institución?
7 ◯ Otro (Especifique) ________

3. EL MATERIAL PREDOMINANTE EN LAS PAREDES EXTERIORES ES:

(Lea cada alternativa y rellene sólo el óvalo ● que corresponda)

1 ◯ ¿Ladrillo o bloque de cemento?
2 ◯ ¿Piedra o sillar con cal o cemento?
3 ◯ ¿Adobe o tapia?
4 ◯ ¿Quincha (Caña con barro)?
5 ◯ ¿Piedra con barro?
6 ◯ ¿Madera?
7 ◯ ¿Estera?
8 ◯ Otro (Especifique) ________

4. EL MATERIAL PREDOMINANTE EN LOS TECHOS ES:

(Lea cada alternativa y rellene sólo el óvalo ● que corresponda)

1 ◯ ¿Concreto armado?
2 ◯ ¿Madera?
3 ◯ ¿Tejas?
4 ◯ ¿Planchas de calamina, fibra de cemento o similares?
5 ◯ ¿Caña o estera con torta de barro?
6 ◯ ¿Estera?
7 ◯ ¿Paja, hojas de palmera?
8 ◯ Otro (Especifique) ________

5. EL MATERIAL PREDOMINANTE EN LOS PISOS ES:

(Lea cada alternativa y rellene sólo el óvalo ● que corresponda)

1 ◯ ¿Parquet o madera pulida?
2 ◯ ¿Láminas asfálticas, vinílicos o similares?
3 ◯ ¿Losetas, terrazos o similares?
4 ◯ ¿Madera (Entablados)?
5 ◯ ¿Cemento?
6 ◯ ¿Tierra?
7 ◯ Otro (Especifique) ________

6. ¿CUÁL ES EL TIPO DE ALUMBRADO QUE TIENE SU VIVIENDA?

(Lea cada alternativa y rellene sólo el óvalo ● que corresponda)

1 ◯ ¿Electricidad?
2 ◯ ¿Kerosene (Mechero/Lamparín)?
3 ◯ ¿Petróleo / Gas (Lámpara)?
4 ◯ ¿Vela?
5 ◯ Otro (Especifique) ________
6 ◯ NO TIENE

7. EL ABASTECIMIENTO DE AGUA EN SU VIVIENDA PROCEDE DE:

(Lea cada alternativa y rellene sólo el óvalo ● que corresponda)

1 ◯ ¿Red pública dentro de la vivienda?
2 ◯ ¿Red pública fuera de la vivienda, pero dentro del edificio?
3 ◯ ¿Pilón de uso publico?
4 ◯ ¿Camión - cisterna u otro similar?
5 ◯ ¿Pozo?
6 ◯ ¿Río, acequia, manantial o similar?
7 ◯ Otro (Especifique) ________

8. EL SERVICIO HIGIÉNICO (Water, letrina, etc.) QUE TIENE SU VIVIENDA ESTÁ CONECTADO A:

(Lea cada alternativa y rellene sólo el óvalo ● que corresponda)

1 ◯ ¿Red pública dentro de la vivienda?
2 ◯ ¿Red pública fuera de la vivienda, pero dentro del edificio?
3 ◯ ¿Pozo séptico?
4 ◯ ¿Pozo ciego o negro / letrina?
5 ◯ ¿Río, acequia o canal?
6 ◯ NO TIENE

9. ¿CUÁNTAS HORAS DEMORAN EN LLEGAR DESDE SU VIVIENDA A LA CAPITAL DISTRITAL?

Anote de 01 a 24 horas en el recuadro (Si es menor a una hora anote 00) ☐☐

1 ◯ Más de 24 horas
2 ◯ Vive en la capital distrital

IV. DATOS DEL HOGAR

1. SIN CONTAR BAÑO, COCINA, PASADIZOS, NI GARAJE ¿CUÁNTAS HABITACIONES OCUPA ESTE HOGAR?

Anote la respuesta en los recuadros ☐☐

2. ¿CUÁL ES EL COMBUSTIBLE QUE MÁS SE UTILIZA EN EL HOGAR PARA COCINAR?

(Lea cada alternativa y rellene sólo el óvalo ● que corresponda)

1 ◯ ¿Electricidad?
2 ◯ ¿Gas?
3 ◯ ¿Kerosene?
4 ◯ ¿Carbón?
5 ◯ ¿Leña?
6 ◯ ¿Bosta o estiércol?
7 ◯ Otro (Especifique) ________
8 ◯ NO COCINA

3. ¿ SU HOGAR TIENE :

(Lea cada alternativa y rellene sólo los óvalos ● que correspondan)

1 ◯ Equipo de sonido?
2 ◯ Televisor a color?
3 ◯ DVD ?
4 ◯ Licuadora?
5 ◯ Refrigeradora / congeladora?
6 ◯ Cocina a gas?
7 ◯ Teléfono fijo?
8 ◯ Plancha eléctrica?
9 ◯ Lavadora?
10 ◯ Computadora?
11 ◯ Horno microondas?
12 ◯ Internet?
13 ◯ Cable?
14 ◯ Celular?
15 ◯ No tiene ninguno

4. ¿CUÁL ES EL NÚMERO DE SU SUMINISTRO DE LUZ (1) O AGUA (2)?

1 ◯ Luz 2 ◯ Agua 3 ◯ NO TIENE

5. ¿CUÁNTAS PERSONAS VIVEN PERMANENTEMENTE EN ESTE HOGAR?

TOTAL ☐☐ = HOMBRES ☐☐ + MUJERES ☐☐

Incluya:
- A las personas que viven permanentemente en este hogar.
- A las personas que viven permanentemente en este hogar pero se encuentran ausentes temporalmente por trabajo, negocios, vacaciones, internados en un establecimiento de salud u otros motivos por un periodo gual o menor a seis (6) meses.

No Incluya:
- A las personas que viven permanentemente en otro hogar.
- A las personas que viven permanentemente en instituciones tales como hospitales psiquiátricos, instituciones de protección a menores, asilos, cárceles, conventos, etc.
- A las personas que están ausentes del hogar por un periodo mayor a seis (6) meses.

V. CARACTERÍSTICAS DE LA POBLACIÓN

ESCRIBA CON LETRA MAYÚSCULA IMPRENTA, NO ACENTUE LAS PALABRAS, CORRIJA CON CUIDADO. MARQUE ASI

A B C D E F G H I J K L M N Ñ O P Q R S T U V W X Y Z 0 1 2 3 4 5 6 7 8 9

Apellidos (En el primer renglón registre el apellido paterno y en el segundo el apellido materno, según DNI)
Nombres (En el tercer reglón registre los nombres separándolos por un casillero, según DNI)
Fecha de Nacimiento (dd-mm-aaaa) / **Edad** (Años cumplidos. Marque meses sólo para menores de 01 año)
Tipo de documento: Seleccionar sólo una alternativa / **Número de documento** (escribir el número de documento. En el caso de la Partida de Nacimiento, poner sólo el número de CUI, de lo contrario no completar)
(1) / (2) / (3) / (4) / (5) / (6) / (7)

NÚMERO DE ORDEN (0)	Apellidos / Nombres / Fecha de Nacimiento / Edad / Tipo y Número de Documento	Parentesco con el jefe de hogar (8)	N° de núcleo familiar (0) es sin núcleo (9)	Sexo (Si es M indicar si es gestante) (11)	Estado Civil (12 y más años) (12)	¿Qué tipo de seguro de salud tiene? (13)	VI. EDUCACIÓN (3 años y más): ¿Cuál es el idioma o lengua con el que aprendió a hablar en su niñez? (13A)	¿Sabe leer y escribir? (14)	Nivel educativo (1) ó (2) pase a 17 (15)	Último año o grado de estudios aprobado (16)	VII. OCUPACIÓN: ¿En el último mes era un...? (Para 6 años y más) De (6) a (10) pase a 19 (17)	Sector en el que se desempeña (Para 6 años y más) (18)	VIII. DISCAPACIDAD: ¿Presenta algún tipo de discapacidad? (19)	IX. PROGRAMAS SOCIALES: ¿De qué programa social es beneficiario en la actualidad? (20)
01	APELLIDO PATERNO / APELLIDO MATERNO / NOMBRES / Fecha de Nacimiento DD-MM-AAAA / Edad(años) / Meses / Tipo de Documento: 1 DNI, 2 Part.Nac. -CUI, 3 Carné Ex., 4 No tiene doc. / Número de Documento	1 2 3 4 5 6 7 8 9 10 11	0 1 2 3 4 5 6	H M gestante Sí No	1 2 3 4 5 6	1 2 3 4 5 6	1 2 3 4 5 6 7	Sí No	1 2 3 4 5 6 7	1 2 3 4 5 6	1 2 3 4 5 6 7 8 9 10	1 2 3 4 5 6 7 8 9 10	1 2 3 4 5 6	1 2 3 4 5 6 7 8 9 10 11
02	APELLIDO PATERNO / APELLIDO MATERNO / NOMBRES / Fecha de Nacimiento DD-MM-AAAA / Edad(años) / Meses / Tipo de Documento: 1 DNI, 2 Part.Nac. -CUI, 3 Carné Ex., 4 No tiene doc. / Número de Documento	1 2 3 4 5 6 7 8 9 10 11	0 1 2 3 4 5 6	H M gestante Sí No	1 2 3 4 5 6	1 2 3 4 5 6	1 2 3 4 5 6 7	Sí No	1 2 3 4 5 6 7	1 2 3 4 5 6	1 2 3 4 5 6 7 8 9 10	1 2 3 4 5 6 7 8 9 10	1 2 3 4 5 6	1 2 3 4 5 6 7 8 9 10 11
03	APELLIDO PATERNO / APELLIDO MATERNO / NOMBRES / Fecha de Nacimiento DD-MM-AAAA / Edad(años) / Meses / Tipo de Documento: 1 DNI, 2 Part.Nac. -CUI, 3 Carné Ex., 4 No tiene doc. / Número de Documento	1 2 3 4 5 6 7 8 9 10 11	0 1 2 3 4 5 6	H M gestante Sí No	1 2 3 4 5 6	1 2 3 4 5 6	1 2 3 4 5 6 7	Sí No	1 2 3 4 5 6 7	1 2 3 4 5 6	1 2 3 4 5 6 7 8 9 10	1 2 3 4 5 6 7 8 9 10	1 2 3 4 5 6	1 2 3 4 5 6 7 8 9 10 11
04	APELLIDO PATERNO / APELLIDO MATERNO / NOMBRES / Fecha de Nacimiento DD-MM-AAAA / Edad(años) / Meses / Tipo de Documento: 1 DNI, 2 Part.Nac. -CUI, 3 Carné Ex., 4 No tiene doc. / Número de Documento	1 2 3 4 5 6 7 8 9 10 11	0 1 2 3 4 5 6	H M gestante Sí No	1 2 3 4 5 6	1 2 3 4 5 6	1 2 3 4 5 6 7	Sí No	1 2 3 4 5 6 7	1 2 3 4 5 6	1 2 3 4 5 6 7 8 9 10	1 2 3 4 5 6 7 8 9 10	1 2 3 4 5 6	1 2 3 4 5 6 7 8 9 10 11
05	APELLIDO PATERNO / APELLIDO MATERNO / NOMBRES / Fecha de Nacimiento DD-MM-AAAA / Edad(años) / Meses / Tipo de Documento: 1 DNI, 2 Part.Nac. -CUI, 3 Carné Ex., 4 No tiene doc. / Número de Documento	1 2 3 4 5 6 7 8 9 10 11	0 1 2 3 4 5 6	H M gestante Sí No	1 2 3 4 5 6	1 2 3 4 5 6	1 2 3 4 5 6 7	Sí No	1 2 3 4 5 6 7	1 2 3 4 5 6	1 2 3 4 5 6 7 8 9 10	1 2 3 4 5 6 7 8 9 10	1 2 3 4 5 6	1 2 3 4 5 6 7 8 9 10 11

(8) Relación de Parentesco
1 Jefe
2 Cónyuge
3 Hijo/a
4 Yerno/nuera
5 Nieto/a
6 Padres/suegros
7 Hermano/a
8 Trabajador del hogar

(12) Estado Civil
1 Soltero/a
2 Casado/a
3 Conviviente
4 Separado/a
5 Divorciado/a
6 Viudo/a

(13) Seguro de Salud
1 Essalud
2 FF.A. - P.N.P.
3 Seguro privado
4 Seguro integral de salud (SIS)
5 Otro
6 No tiene

(13A) Idioma o lengua aprendido en la niñez
1 Quechua
2 Aymara
3 Asháninka
4 Castellano
5 Idioma extrangero

(15) Nivel Educativo
1 Ninguno
2 Inicial
3 Primaria
4 Secundaria
5 Superior no universitaria
6 Superior universitaria
7 Post grado u otro similar

(16) Último año o Grado aprobado
Marcar el último año o grado aprobado del nivel educativo marcado en la pregunta 15

(17) Ocupación (Aplicable para 6 años y +)
1 Trabajador dependiente
2 Trabajador independiente
3 Empleador
4 Trabajador del hogar
5 Trabajador familiar no remunerado
6 Desempleado
7 Dedicado a los quehaceres del hogar
8 Estudiante

(18) Sector
1 Agrícola
2 Pecuaria
3 Forestal
4 Pesquera
5 Minera
6 Artesanal
7 Comercial
8 Servicios

(19) Tipo de Discapacidad
1 Visual parcial o total (problemas para ver aun con lentes / no puede ver)
2 Para oír parcial o total (problemas para oír aún con audífonos / no puede oír)
3 Para hablar parcial o total (dificultad para hablar / no puede hablar)
4 Para usar brazos y manos / piernas y pies
5 Mental o intelectual (dificultades permanentes para entender o para relacionarse con los demás)
6 No tiene discapacidad

(20) Beneficiario de:
1 Vaso de leche
2 Comedor popular
3 Desayuno o almuerzo escolar
4 Papilla o "Yapita" (FACFO)
5 Canasta alimentaria (PANFAR)
6 Juntos
7 Techo propio o Mi vivienda
8 Pensión 65
10 Otros

39134

ESCRIBA CON LETRA MAYÚSCULA IMPRENTA, NO ACENTÚE LAS PALABRAS, CORRIJA CON CUIDADO. MARQUE ASÍ

A B C D E F G H I J K L M N Ñ O P Q R S T U V W X Y Z 0 1 2 3 4 5 6 7 8 9

V. CARACTERÍSTICAS DE LA POBLACIÓN

Apellidos (En el primer renglón registre el apellido paterno y en el segundo el apellido materno, según DNI)
Nombres (En el tercer renglón registre los nombres separándolos por un casillero, según DNI)
Fecha de Nacimiento (dd-mm-aaaa) / **Edad** (Años cumplidos. Marque meses sólo para menores de 01 año)
Tipo de documento: Seleccionar sólo una alternativa / **Número de documento** (escribir el número de documento. En el caso de la Partida de Nacimiento, poner sólo el número de CUI, de lo contrario no completar)

(1) / (2) / (3) / (4) / (5) / (6) / (7)

							VI. EDUCACIÓN (3 años y más)				VII. OCUPACIÓN		VIII. DISCAPACIDAD	IX. PROGRAMAS SOCIALES
NÚMERO DE ORDEN (0)	(1) / (2) / (3) / (4) / (5) / (6) / (7)	Parentesco con el jefe de hogar (8)	N° de núcleo familiar (0) es sin núcleo (9)	Sexo (Si es M indicar si es gestante) (11)	Estado Civil (12 y más años) (12)	¿Qué tipo de seguro de salud tiene? (13)	¿Cuál es el idioma o lengua con el que aprendió a hablar en su niñez? (13A)	¿Sabe leer y escribir? (14)	Nivel educativo (1) ó (2) pase a 17 (15)	Último año o grado de estudios aprobado (16)	¿En el último mes era un...? (Para 6 años y más) De (6) a (10) pase a 19 (17)	Sector en el que se desempeña (Para 6 años y más) (18)	¿Presenta algún tipo de discapacidad? (19)	¿De qué programa social es beneficiario en la actualidad? (20)
06	APELLIDO PATERNO / APELLIDO MATERNO / NOMBRES / Fecha de Nacimiento DD-MM-AAAA / Edad(años) / Meses / Tipo de Documento: 1 DNI, 2 Part.Nac.-CUI, 3 Carné Ex., 4 No tiene doc. / Número de Documento	1 2 3 4 5 6 7 8 9 10 11	0 1 2 3 4 5 6	H M gestante Sí No	1 2 3 4 5 6	1 2 3 4 5 6	1 2 3 4 5 6 7	Sí No	1 2 3 4 5 6 7	1 2 3 4 5 6	1 2 3 4 5 6 7 8 9 10	1 2 3 4 5 6 7 8 9 10	1 2 3 4 5 6	1 2 3 4 5 6 7 8 9 10 11
07	APELLIDO PATERNO / APELLIDO MATERNO / NOMBRES / Fecha de Nacimiento DD-MM-AAAA / Edad(años) / Meses / Tipo de Documento: 1 DNI, 2 Part.Nac.-CUI, 3 Carné Ex., 4 No tiene doc. / Número de Documento	1 2 3 4 5 6 7 8 9 10 11	0 1 2 3 4 5 6	H M gestante Sí No	1 2 3 4 5 6	1 2 3 4 5 6	1 2 3 4 5 6 7	Sí No	1 2 3 4 5 6 7	1 2 3 4 5 6	1 2 3 4 5 6 7 8 9 10	1 2 3 4 5 6 7 8 9 10	1 2 3 4 5 6	1 2 3 4 5 6 7 8 9 10 11
08	APELLIDO PATERNO / APELLIDO MATERNO / NOMBRES / Fecha de Nacimiento DD-MM-AAAA / Edad(años) / Meses / Tipo de Documento: 1 DNI, 2 Part.Nac.-CUI, 3 Carné Ex., 4 No tiene doc. / Número de Documento	1 2 3 4 5 6 7 8 9 10 11	0 1 2 3 4 5 6	H M gestante Sí No	1 2 3 4 5 6	1 2 3 4 5 6	1 2 3 4 5 6 7	Sí No	1 2 3 4 5 6 7	1 2 3 4 5 6	1 2 3 4 5 6 7 8 9 10	1 2 3 4 5 6 7 8 9 10	1 2 3 4 5 6	1 2 3 4 5 6 7 8 9 10 11
09	APELLIDO PATERNO / APELLIDO MATERNO / NOMBRES / Fecha de Nacimiento DD-MM-AAAA / Edad(años) / Meses / Tipo de Documento: 1 DNI, 2 Part.Nac.-CUI, 3 Carné Ex., 4 No tiene doc. / Número de Documento	1 2 3 4 5 6 7 8 9 10 11	0 1 2 3 4 5 6	H M gestante Sí No	1 2 3 4 5 6	1 2 3 4 5 6	1 2 3 4 5 6 7	Sí No	1 2 3 4 5 6 7	1 2 3 4 5 6	1 2 3 4 5 6 7 8 9 10	1 2 3 4 5 6 7 8 9 10	1 2 3 4 5 6	1 2 3 4 5 6 7 8 9 10 11
10	APELLIDO PATERNO / APELLIDO MATERNO / NOMBRES / Fecha de Nacimiento DD-MM-AAAA / Edad(años) / Meses / Tipo de Documento: 1 DNI, 2 Part.Nac.-CUI, 3 Carné Ex., 4 No tiene doc. / Número de Documento	1 2 3 4 5 6 7 8 9 10 11	0 1 2 3 4 5 6	H M gestante Sí No	1 2 3 4 5 6	1 2 3 4 5 6	1 2 3 4 5 6 7	Sí No	1 2 3 4 5 6 7	1 2 3 4 5 6	1 2 3 4 5 6 7 8 9 10	1 2 3 4 5 6 7 8 9 10	1 2 3 4 5 6	1 2 3 4 5 6 7 8 9 10 11

(8) Relación de Parentesco
1 Jefe
2 Cónyuge
3 Hijo/a
4 Yerno/nuera
5 Nieto/a
6 Padres/suegros
7 Hermano/a
8 Trabajador del hogar
9 Pensionista
10 Otros parientes

(12) Estado Civil
1 Soltero/a
2 Casado/a
3 Conviviente
4 Separado/a
5 Divorciado/a
6 Viudo/a

(13) Seguro de Salud
1 Essalud
2 FF.A. - P.N.P.
3 Seguro privado
4 Seguro integral de salud (SIS)
5 Otro
6 No tiene
(Rellene los óvalos que correspondan)

(13A) Idioma o lengua aprendido en la niñez
1 Quechua
2 Aymara
3 Asháninka
4 Castellano
5 Idioma extranjero
6 Es sordomudo(a)
7 Otro

(15) Nivel Educativo
1 Ninguno
2 Inicial
3 Primaria
4 Secundaria
5 Superior no universitaria
6 Superior universitaria
7 Post grado u otro similar

(16) Último año o Grado aprobado
Marcar el último año o grado aprobado del nivel educativo marcado en la pregunta 15

(17) Ocupación (Aplicable para 6 años y +)
1 Trabajador dependiente
2 Trabajador independiente
3 Empleador
4 Trabajador del hogar
5 Trabajador familiar no remunerado
6 Desempleado
7 Dedicado a los quehaceres del hogar
8 Estudiante
9 Jubilado
10 Sin actividad

(18) Sector
1 Agrícola
2 Pecuaria
3 Forestal
4 Pesquera
5 Minera
6 Artesanal
7 Comercial
8 Servicios
9 Otros
10 Estado (Gob.)

(19) Tipo de Discapacidad
1 Visual parcial o total (problemas para ver aún con lentes / no puede ver)
2 Para oír parcial o total (problemas para oír aún con audífonos / no puede oír)
3 Para hablar parcial o total (dificultad para hablar / no puede hablar)
4 Para usar brazos y manos / piernas y pies
5 Mental o intelectual (dificultades permanentes para entender o para relacionarse con los demás)
6 No tiene discapacidad
(Rellene los óvalos que correspondan)

(20) Beneficiario de:
1 Vaso de leche
2 Comedor popular
3 Desayuno o almuerzo escolar
4 Papilla o "Yapita" (PACFO)
5 Canasta alimentaria (PANFAR)
6 Juntos
7 Techo propio o Mi vivienda
8 Pensión 65
9 Cuna Más
10 Otros
11 Ninguno
(Rellene los óvalos que

MIDIS

Unidad Central de Focalización (UCF)
Sistema de Focalización de Hogares (SISFOH)

FORMATO S100

SOLICITUD DE CLASIFICACIÓN O VERIFICACIÓN SOCIOECONÓMICA

Solicitud: ____ **UBIGEO:** ____ **DNI SOLICITANTE:** ____ **FECHA:** D D - M M - A A A A

A - DATOS DEL HOGAR

1. DATOS DE LA PERSONA SOLICITANTE (Complete con letra imprenta)

1.1 APELLIDO PATERNO

1.2 APELLIDO MATERNO

1.3 NOMBRES

1.4 TIPO DE SOLICITANTE 1 REPRESENTANTE DE HOGAR ☐ 2 SERVIDOR/A DE UN PROGRAMA SOCIAL ☐

1.5 CORREO ELECTRÓNICO ____ 1.6 TELÉFONO: (Celular)

2. ¿EN EL HOGAR SE PRESENTÓ ALGUNA DE LAS SIGUIENTES SITUACIONES? Marcar con X en el recuadro que corresponda, se podrá indicar más de una opción.

INCORPORACIÓN DE RECIÉN NACIDO MENOR DE 30 DÍAS	1	NO ESTOY DE ACUERDO CON EL RESULTADO DE CSE	5
INCORPORACIÓN AL HOGAR DE UNO O MÁS INTEGRANTES MENORES DE 18 AÑOS	2	SE REQUIERE VERIFICAR INFORMACIÓN DEL HOGAR	6
INCORPORACIÓN O SALIDA DEL HOGAR DE UNO O MÁS INTEGRANTES	3	OTRAS CIRCUNSTANCIAS	7
CAMBIO DE DOMICILIO DE TODOS/AS LOS Y LAS INTEGRANTES DEL HOGAR	4		

3. DECLARACIÓN DE LAS Y LOS INTEGRANTES DEL HOGAR: Complete la información solicitada y escriba en el recuadro el número de la opción que corresponda

Nº ORDEN	3.1 TIPO DOCUMENTO 1:DNI 2:Certificado nacido vivo manual 3:Certificado nacido vivo en línea 4:Acta de nacimiento RENIEC CUI 5:Acta de nacimiento de Municipalidad CUI 6: Carnet de extranjería 7: No tiene	3.2 NÚMERO DE DOCUMENTO	3.3 APELLIDO PATERNO (Letra Imprenta)	3.4 APELLIDO MATERNO (Letra Imprenta)	3.5 NOMBRES (Letra Imprenta)	3.6 FECHA NACIMIENTO (Letra Imprenta)	3.7 SEXO 1: Masculino 2: Femenino	3.8 TIPO DE PARENTESCO 1:Jefe/a 2:Conyuge/ Conviviente 3:Hijo/a 4:Yerno/nuera 5:Nieto/a 6:Padres/suegros 7:Hermano/a 8:Trabajador/a del hogar 9:Pensionista 10:Otros parientes 11:Otros no parientes	3.9 RESIDENTE HABITUAL 1:SI 2:NO* * Solo podrán ser incluidos los/as jóvenes que tengan hasta 22 años de edad que se encuentran cursando estudios y dependan del presupuesto del presente hogar
1									
2									
3									
4									
5									
6									
7									
8									
9									
10									
11									
12									

4. ACCESO A SERVICIOS PÚBLICOS

4.1 INDIQUE SI CUENTA CON EL RECIBO DE SERVICIOS PÚBLICOS DE:

1 LUZ ☐ 2 AGUA ☐ 3 LUZ Y AGUA ☐ 4 NINGUNO ☐

En caso marcar algún servicio detallar el número de suministro y el nombre de la empresa proveedora. Luego continuar con la pregunta 4.2. En caso se marque ninguno continuar con la sección 5.

4.2 ¿EL SERVICIO DE LUZ ES COMPARTIDO, COMUNAL Y/O COOPERATIVO? 1 SI ☐ 2 NO ☐

NÚMERO DE SUMINISTRO DE LUZ:

NOMBRE DE LA EMPRESA DE LUZ:

NÚMERO DE SUMINISTRO DE AGUA:

NOMBRE DE LA EMPRESA DE AGUA:

A - DATOS DEL HOGAR

5. DIRECCIÓN DE LA VIVIENDA DONDE RESIDE EL HOGAR

Los ítems N° 5.2.2, 5.2.4, 5.2.5 y 5.2.6 no son aplicables para centros poblados rurales.

5.1 TIPO DE VÍA (Marcar una opción): 1 AVENIDA [1] 2 JIRÓN [2] 3 CALLE [3] 4 PASAJE [4] 5 CARRETERA [5] 6 OTRO [6]

5.2 NOMBRE DE LA VÍA

5.2.1 N° DE PUERTA: -

5.2.2 BLOCK 5.2.3 PISO 5.2.4 INTERIOR 5.2.5 MANZANA 5.2.6 LOTE 5.2.7 KM 5.2.8 NÚCLEO URBANO

5.3 REFERENCIA DE UBICACIÓN DE LA VIVIENDA

6. UBICACIÓN GEOGRÁFICA

6.1 LA VIVIENDA SE ENCUENTRA UBICADA EN UN CENTRO POBLADO: 1 URBANO [1] 2 RURAL [2]

6.2 CÓDIGO CENTRO POBLADO: (Es llenado por el servidor/a que recibe el S100.)

6.3 NOMBRE DEL CENTRO POBLADO:

7. AUTORIZACIÓN Y DECLARACIÓN DE LA PERSONA SOLICITANTE

1.- Expreso mi consentimiento para que el SISFOH use, en el marco de sus funciones, mis datos personales. Considerando que la atención de mi solicitud involucra el tratamiento de datos personales, que en algunos casos constituyen datos sensibles, por lo que doy mi libre y expreso consentimiento para: i) El acceso a bases de datos personales, ya sean públicas o privadas, incluyendo datos sensibles, que contenga información personal del suscrito/de la suscrita o de los integrantes de mi hogar; y ii) Poner a disposición de los programas sociales y subsidios del Estado el resultado de la CSE de mi hogar, en el marco de sus funciones. (Artículo 14, del Decreto Supremo N° 03-2013-JUS Reglamento Ley N°29733).

2.- Autorizo que el resultado de la presente solicitud, o en su defecto las observaciones que se formulen; sean notificadas a la dirección de correo electrónico (e-mail) o al número de teléfono - celular señalado en la sección 1 "Datos de la Persona Solicitante" (según numeral 20.1 y numeral 20.4 del artículo 20 de la Ley N° 27444) vía SMS.

3.- Declaro bajo juramento que quien suscribe y todos los integrantes de mi hogar (incluyendo al solicitante), residimos de forma permanente y, a la fecha, ningún miembro se encuentra ausente más de seis meses de este hogar. Excepcionalmente incluyo en mi hogar a uno o varios jóvenes menores de 22 años de edad que se encuentran cursando estudios y que dependen económicamente de mi hogar.

4.- Que, asimismo, declaro que la suma de los ingresos provenientes de negocios e inversiones de todos los miembros de mi hogar, en los últimos doce (12) meses, expresados en nuevos soles, asciende a:

5.- Que declaro contar con propiedades; (incluir todas las propiedades inmuebles registradas ante Registros Públicos - SUNARP así como aquellas que no han sido registradas).

INDICAR NÚMERO DE PROPIEDADES: INDICAR NÚMERO DE VEHÍCULOS MOTORIZADOS

6.-En caso se compruebe que las autorizaciones y declaraciones proporcionadas en la presente solicitud no correspondan a la realidad o sean falsas, me someto a las responsabilidades administrativas, civiles y penales correspondientes (Artículo IV, Numeral 1.7 de Principios de Procedimiento Administrativo y Artículo 32, numeral 32.3 de la Ley N°27444).

Firma de el/la solicitante | Huella digital de el/la solicitante

B - PARA SER LLENADO POR EL/LA SERVIDOR/A QUE REGISTRA O RECIBE EL S100, Y/O SOLICITA LA VERIFICACIÓN

8. FIRMA DEL SERVIDOR PÚBLICO DEL PROGRAMA SOCIAL QUE SOLICITA LA VERIFICACIÓN

Firma del/la servidor/a del Programa Social | Huella digital del/la servidor/a del Programa Social

9. UBICACIÓN CENSAL (Es llenado por la Municipalidad y/o Programa Social)

9.1 CONGLOMERADO N° 9.2 ZONA N° - 9.3 MANZANA N° - 9.4 N° FTE. DE MZA. 9.5 VIVIENDA N° 9.6 ¿CUÁNTOS HOGARES HABITAN EN ESTA VIVIENDA? 9.7 HOGAR N° /

10. EL/LA SOLICITANTE DECLARA QUE EL HOGAR RESIDE EN EL ÁMBITO DE UN CC.PP. UBICADO EN EL LISTADO OFICIAL VIGENTE DEL MINISTERIO DE CULTURA

Según listado oficial vigente del Ministerio de Cultura.

1 SI [1] 2 NO [2] De marcar "SI" deberá indicar el Pueblo Indígena y la Comunidad Nativa a la que pertenecen.

COMUNIDAD NATIVA:

PUEBLO INDÍGENA:

DECLARACIÓN JURADA DE RESIDENCIA EN CC.PP. UBICADO EN EL ÁMBITO DEL LISTADO OFICIAL VIGENTE DEL MINISTERIO DE CULTURA REGISTRADO POR EL/LA ALCALDE/SA

Esta sección debe ser llenada en caso que la dirección registrada en el DNI de alguno de las o los integrantes del hogar no coincida con el lugar de residencia actual.

N° DNI DEL/DE LA ALCALDE/SA

Firma del/de la Alcalde/sa | Huella digital del/de la Alcalde/sa

11. DATOS DE RECEPCIÓN DE LA SOLICITUD

N° DNI DEL/DE LA SERVIDOR/A PÚBLICO/A QUIEN RECIBE/ORIENTA LA SOLICITUD:

NOMBRES Y APELLIDOS DEL/DE LA SERVIDOR/A PÚBLICO/A QUIEN RECIBE/ORIENTA LA SOLICITUD:

INSTITUCIÓN QUE RECIBE LA SOLICITUD:

1 ULE [1] 2 UCF [2] 3 PENSIÓN 65 [3] 4 JUNTOS [4] 5 PRONABEC [5] 6 SIS [6] 7 OTRO [7]

Firma del/de la registrador/a (ULE/PP.SS) | Huella digital del/de la registrador/a (ULE/PP.SS)

C - LLENADO EN CASO SE REQUIERA FSU

12. ¿REQUIERE EMPADRONAR (FSU)? 1 SI [1] 2 NO [2] De ser afirmativa la respuesta continuar con la sección 13.

13. VALIDACIÓN DE LA INFORMACIÓN DECLARADA POR EL/LA SOLICITANTE, A CARGO DEL/DE LA EMPADRONADOR/A Y/O RESPONSABLE DE ULE

(Esta información solo deberá ser llenada durante el empadronamiento)

CÓDIGO DE OPERACIÓN

1. La dirección declarada en la presente solicitud corresponde con la consignada en la FSU del hogar de la persona solicitante. 1 SI [1] 2 NO [2]
2. La información de los integrantes del hogar de la persona solicitante coincide con la declarada durante la aplicación de la FSU. 1 SI [1] 2 NO [2]

N° FSU

FECHA DE EMPADRONAMIENTO D D - M M - A A A A

N° DNI DE EL/LA EMPADRONADOR/A

N° DNI DE EL/LA RESPONSABLE DE LA ULE

Firma de el/la Responsable de la ULE | Firma de el/la Empadronador/a

FORMATO N° 01
SOLICITUD DE CSE / ACSE

Distrito y fecha

Sr(a) Nombres y Apellidos
Alcalde de la Municipalidad Provincial/Distrital de.......

Asunto:

(Marcar con "X" sólo una opción)

	Clasificación Socioeconómica (CSE)	☐
Presente.-	Actualización de Clasificación Socioeconómica (ACSE)	☐

Yo.., identificado/a con: Tipo de Documento 1 ☐ DNI, 2 ☐ Part. Nac. – CUI, 3 ☐ Carné Ex., 4 ☐ No tiene doc., y Número de Documento:........................., con domicilio actual en Dirección de la Vivienda: Tipo de Vía
1 ☐ Avenida 2 ☐ Jirón 3 ☐ Calle 4 ☐ Pasaje 5 ☐ Carretera 6 ☐ Otro: ....

Nombre de la Vía:..N° de Puerta: ☐☐☐☐ - ☐

Block: ☐☐☐ Piso: ☐☐ Interior: ☐☐☐ Manzana: ☐☐☐ Lote: ☐☐☐ Km.: ☐☐☐☐

ubicado en el Centro Poblado: .... Núcleo Urbano: .... del Distrito: .... Provincia: .... y Departamento: .... La referencia de mi domicilio es ...., el N° de teléfono celular y/o teléfono fijo es .... y correo electrónico (de contar):...En mi calidad de Representante del Hogar, agradeceré atender la presente solicitud. Para ello, brindo mi consentimiento libre y expreso a fin de que el tratamiento de la información que se recabe del hogar que conformo, sea utilizado para los fines de focalización.

Tipo de caso solicitado (adjuntar requisitos según Formato 2)	**Marcar con "X" la opción (es)**
7.1. Recién Nacido (0 – 30 días) si las características y ubicación del hogar se mantienen (ACSE)	
7.2. Niños/as y Adolescentes (menores 18 años) si las características y ubicación del hogar se mantienen (ACSE)	
7.3 A solicitud del representante del hogar (convencional)	
a) Solicitud de CSE, si ningún Integrante del hogar tiene CSE en el PGH	
b) Solicitud de ACSE	
(i) Cambio de domicilio	
(ii) Cambio de composición del hogar por casos distintos a 8.1 y 8.2	
(iii) Otras circunstancias (especificar las razones que sustentan la solicitud)................................	
7.4. Pueblos Indígenas de la Amazonía Peruana (CSE/ACSE)	
7.5. Indocumentados (CSE)	
Clasificación Socioeconómica Temporal (según R.M. N° 152-2013-MIDIS)	

Por lo cual declaro que **todos** los integrantes que conforman mi hogar son:

N°	**Nombres y Apellidos completos**	**Tipo de Doc.1/.**	**N° de Documento**	**Fecha de Nacimiento**			**Sexo 2/.**	**Ocupación 3/.**	**Parentesco con el Jefe(a) del Hogar 4/.**
				DD	**MM**	**AA AA**			
1									
2									
...	....								

Para lo cual declaro bajo juramento que quien suscribe y todos los integrantes de mi hogar residimos de forma permanente en el hogar, o ninguno de los integrantes se encuentran ausentes por un periodo igual o menor a los seis (6) meses. En caso se compruebe falsedad en mi declaración me someto a las responsabilidades administrativas, civiles y penales correspondientes.

Atentamente,

....
(Firma)
Nombres y Apellidos del Solicitante
N° DNI: XXXXXXXX

(Huella Digital)

1/ Tipo de Documento: 1: DNI, 2: Carné Ex., 3: Part. Nac. – CUI y 4: No tiene doc.
2/. Sexo: "H": Hombre, "M": Mujer. En caso se trate de una mujer gestante, completar: "MG"
3/. Ocupación: 1: Trabajador Dependiente, 2: Trabajador Independiente, 3: Empleador, 4: Trabajador del hogar, 5: Trabajador familiar no remunerado, 6: Desempleado, 7: Dedicado a los quehaceres del hogar, 8: Estudiante, 9: Jubilado, 10: Sin actividad.
4/. Parentesco con el Jefe(a) del Hogar: 1: Jefe, 2: Cónyuge, 3: Hijo/a, 4: Yerno/Nuera, 5: Nieto/a, 6: Padre/Suegro, 7: Hermano/a, 8: Trabajador del Hogar, 9: Pensionista, 10: Otros parientes, 11: Otros no parientes.

Bibliografía general

Abusada, Roberto et ál. (eds.)

2000 *La reforma incompleta: rescatando los noventa*. Tomos I y II. Lima: Instituto Peruano de Economía y Centro de Investigación de la Universidad del Pacífico.

Adams, Norma y Néstor Valdivia

1991 *Los otros empresarios. Ética de migrantes y formación de empresas en Lima*. Lima: Instituto de Estudios Peruanos.

Akrich, Madeleine

1992 "The De-Scription of Technical Objects". En Bijker, W. y J. Law, (eds.), *Shaping Technology/building Society: Studies in Sociotechnical Change*. Cambridge: MIT Press.

Alcázar, Lorena

2007 "¿Por qué no funcionan los programas alimentarios y nutricionales en el Perú?: riesgos y oportunidades para su reforma". En GRADE, *Investigación, políticas y desarrollo en el Perú*. Lima: Grupo de Análisis para el Desarrollo.

2016 "Algunas reflexiones sobre los programas alimentarios y nutricionales: cambios y retos durante la última década". En GRADE, *Investigación para el desarrollo en el Perú: once balances*. Lima: Grupo de Análisis para el Desarrollo.

ALTMAN, David y Juan Pablo LUNA
2012 "Introducción: el Estado latinoamericano en su laberinto". En *Revista de Ciencia Política*, año 2012, vol. 32, n.° 3: 521-543.

ARCE, Moisés
2015 *La extracción de recursos naturales y la protesta social en el Perú*. Lima: Fondo Editorial de la Pontificia Universidad Católica del Perú.

ARIAS, Rafael
2015 "Clientelismo 'invertido': el caso del programa del Vaso de Leche en Callao (1995-2015)". Tesis de maestría en ciencia política, Escuela de Posgrado de la Pontificia Universidad Católica del Perú.

ASENSIO, Raúl
2013 "Política y hegemonía ideológica en una coalición territorial transformadora (Quispicanchi, Perú)". En Fernández, M. y R. Asensio (eds.), *¿Unidos podemos? Coaliciones territoriales y desarrollo rural en América Latina*. Lima: Instituto de Estudios Peruanos.

AUGÉ, Marc
2000 *Los no lugares como espacios del anonimato. Una antropología de la sobremodernidad*. Barcelona: Gedisa.

AUYERO, Javier
2012 *Patients of the State. The Politics of Waiting in Argentina*. Durham: Duke University Press.

BEBBINGTON, Anthony, Martin SCURRAH y Claudia BIELICH
2011 *Los movimientos sociales y la política de la pobreza en el Perú*. Lima: Instituto de Estudios Peruanos, Centro Peruano de Estudios Sociales, Grupo Propuesta Ciudadana.

BLONDET, Cecilia
1991 *Las mujeres y el poder: una historia de Villa El Salvador*. Lima: Instituto de Estudios Peruanos.

Blumer, Herbert
1982 *El interaccionismo simbólico: perspectiva y método*. Barcelona: Hora S. A.

Brodersohn, Víctor
1999 "Focalización de programas de superación de la pobreza". En *Derecho a tener derecho: infancia, derecho y políticas sociales en América Latina*. Instituto Interamericano del Niño y UNICEF.

Callon, Michell
1986 "Some Elements of a Sociology of Translation: Domestication of the Scallops and the Fishermen of St. Brieuc Bay". En Law, J. (ed.), *Power, Action and Belief. A New Sociology of Knowledge?* Londres: Routledge.

Callon, Michell y Bruno Latour
1981 "Unscrewing the Big Leviathan; or How Actors Macrostructure Reality, and How Sociologists Help Them To Do So?". En Knorr, K. y Cicourel, A. (eds), *Advances in Social Theory and Methodology*. Londres: Routledge and Kegan Paul.

Callon, Michell y John Law
1992 "The Life and Death of an Aircraft: A Network Analysis of Technical Change". En Bijker, W. y J. Law (eds.), *Shaping Technology/building Society: Studies in Sociotechnical Change*. Cambridge: MIT Press.

Carranza, Narda
2015 "Más allá del escándalo. Monitores del Programa Nacional de Alimentación Escolar Qali Warma en Lambayeque y Junín". En *Revista de Ciencia Política y Gobierno* 2 (4): 23-46.

Cerna, Diego
2016 "Representación de la gestión municipal y los funcionarios públicos municipales de provincias en la prensa peruana". Tesis de licenciatura de comunicación, Universidad de Lima.

Chacaltana, Juan
2001 *Más allá de la focalización: riesgos de la lucha contra la pobreza en el Perú*. Lima: Consorcio de Investigación Económica y Social.

CHATTERJEE, Partha
2007 *La nación en tiempo heterogéneo y otros estudios subalternos*. Lima: Instituto de Estudios Peruanos.

CHÁVEZ, Claudia, Carmen YON y Cynthia CÁRDENAS
2015 *El aporte de los egresados del Programa de Formación de Enfermeros Técnicos en Salud Intercultural Amazónica de AIDESEP a la salud intercultural. Estudio de caso en dos comunidades de Amazonas*. Documento de Trabajo 222. Lima: Instituto de Estudios Peruanos.

COLLIER, David
1978 *Barriadas y élites: de Odría a Velasco*. Lima: Instituto de Estudios Peruanos.

CORREA, Norma
2013 "Políticas sociales en el Perú: del asistencialismo a la inclusión social". En *Perú Debate*, año 3, n° 4. Lima: Departamento de Ciencias Sociales, Pontificia Universidad Católica del Perú.

CORREA, Norma y Terry ROOPNARAINE
2013 *Pueblos indígenas y programas de transferencias condicionadas. Estudio etnográfico sobre la implementación y los efectos socioculturales del programa Juntos en seis comunidades andinas y amazónicas de Perú*. Washington D. C., Lima: IFPRI, BID y PUCP.

COTLEAR, Daniel (ed.)
2006 *Un nuevo contrato social para el Perú: ¿cómo lograr un país más educado, saludable y solidario?* Washington D. C.: Banco Mundial.

COTLER, Julio
1969a "La mecánica de la dominación interna y del cambio social en el Perú". En Matos Mar, J. et ál., *Perú problema*. Lima: Instituto de Estudios Peruanos y Moncloa-Campodónico Editores Asociados.

1969b "Actuales pautas de cambio en la sociedad rural del Perú". En Matos Mar, J. et ál., *Dominación y cambios en el Perú rural*. Lima: Instituto de Estudios Peruanos.

1978 *Clases, Estado y nación en el Perú*. Lima: Instituto de Estudios Peruanos.

2011 "Las desigualdades en el Perú: introducción". En Cotler, J. y R. Cuenca (eds.), *Las desigualdades en el Perú: balances críticos*. Lima: Instituto de Estudios Peruanos.

COTLER, Julio, Andrea ROMÁN ALFARO y Paolo SOSA VILLAGARCÍA
2015 *Educación superior e inclusión social: un estudio cualitativo de los becarios del programa Beca 18*. Lima: Programa Nacional de Becas y Crédito Educativo.

CUENCA, Ricardo
2016 "Reconfiguraciones entre Estado y ciudadanía. Imaginarios de éxito y nuevas políticas sociales". En Grompone, R. (ed.), *Incertidumbres y distancias: el controvertido protagonismo del Estado en el Perú*. Lima: Instituto de Estudios Peruanos.

DARGENT, Eduardo
2012 *El Estado en el Perú: una agenda de investigación*. Lima: Pontificia Universidad Católica del Perú.

2014 *Technocracy and Democracy in Latin America: The Experts Running Government*. Nueva York: Cambridge University Press.

DAVIS, Jenny
2015 "Theorizing Affordances". Disponible en: <thesocietypages.org/cyborgology/2015/02/16/theorizing-affordances>.

DEGREGORI, Carlos Iván, Cecilia BLONDET y Nicolás LYNCH
2014 *Conquistadores de un nuevo mundo: de invasores a ciudadanos en San Martin de Porres*. Lima: Instituto de Estudios Peruanos.

DELLA PORTA, Donatella
2013 "Análisis comparativo: la investigación basada en casos frente a la investigación basada en variables". En Della Porta, D. y M. Keating (eds.), *Enfoques y metodologías de las ciencias sociales. Una perspectiva pluralista*. Madrid: AKAL.

DE BELAÚNDE, Carolina
2014 "Profundizando las brechas. Una mirada a la desigualdad en los estudios sobre el sistema educativo peruano". En Cotler, J. y R. Cuenca (eds.), *Las desigualdades en el Perú: balances críticos*. Lima: Instituto de Estudios Peruanos.

DE LOS RÍOS, Carlos
2011 "El modelo de los extremos y la desigualdad económica en el Perú". En Cotler, J. y R. Cuenca (eds.), *Las desigualdades en el Perú: balances críticos*. Lima: Instituto de Estudios Peruanos.

DE SOTO, Hernando, Enrique GHERSI y Mario GHIBELLINI
1986 *El otro sendero: la revolución informal*. Lima: Instituto Libertad y Democracia.

DÍAZ, Ramón et ál.
2009 *Análisis de la implementación del programa Juntos en las regiones de Apurímac, Huancavelica y Huánuco*. Lima: CIES y CARE-Perú.

DIETZ, Henry
1986 *Pobreza y participación política bajo un régimen militar*. Lima: Centro de Investigación de la Universidad del Pacífico.

2000 *Pobreza urbana, participación política y política estatal. Lima 1970-1990*. Lima: Fondo Editorial de la Pontificia Universidad Católica del Perú.

DURAND, Francisco
2007 *El Perú fracturado: formalidad, informalidad y economía delictiva*. Lima: Fondo Editorial del Congreso del Perú.

ESCOBAL, Javier y Sara BENITES
2012 "Transferencias y condiciones: efectos no previstos del programa Juntos". En *Boletín de Políticas Públicas sobre Infancia*. Lima: Niños del Milenio.

EGUREN, Mariana y Carolina DE BELAÚNDE
2012 *Del proyecto colectivo a la demanda individual: las relaciones Estado-sociedad según la escuela primaria a inicios del nuevo siglo*. Lima: Instituto de Estudios Peruanos.

EVANS, Peter B., Dietrich RUESCHEMEYER y Theda Skocpol (eds.)
1985 *Bringing the State Back In*. Massachusetts: Harvard University Press.

EWIG, Christina
2012 *Neoliberalismo de la segunda ola. Género, raza y reforma del sector salud en el Perú*. Lima: Instituto de Estudios Peruanos.

FILGUEIRA, Fernando
2016 "Los regímenes de bienestar en el ocaso de la modernización conservadora: posibilidades y límites de la ciudadanía social en América Latina". En Grompone, R. (ed.), *Incertidumbres y distancias: el controvertido protagonismo del Estado en el Perú*. Lima: Instituto de Estudios Peruanos.

FOUCAULT, Michel
2006 *Seguridad, territorio y población*. Buenos Aires: Fondo de Cultura Económica.

FRANCO, Carlos
1991 *Imágenes de la sociedad peruana: la "otra" modernidad*. Lima: Centro de Estudios para el Desarrollo y Participación.

FREEMAN, Richard y Jo MAYBIN
2011 "Documents, Practices and Policy". En *Evidence and Policy*, vol. 7, n.° 2: 155-170.

GÁLVEZ, Alvaro y Jaime URRUTIA
2016 "Tecnócratas y burócratas: los límites de la tecnocracia y las relaciones de poder en la construcción del Estado en el nivel local". Documento inédito.

GANDOLFO, Daniella
2013 "Formless: A Day at Lima's Office of Formalization". En *Cultural Anthropology*, vol. 28, issue 2, mayo: 278-298.

GARCÍA, Luis
2014 "La implementación contenciosa de los programas sociales: el empadronamiento del programa de Vaso de Leche en Villa el Salvador (2002-2010)". En *Revista Apuntes*, vol. 41, n.° 74: 41-70.

GEERTZ, Clifford
1992 *La interpretación de las culturas*. Barcelona: Gedisa.

GOFFMAN, Erving.
2012 *La presentación de la persona en la vida cotidiana*. Buenos Aires: Amorrortu.

GOLTE, Jurgen y Norma ADAMS
1987 *Los caballos de Troya de los invasores. Estrategias campesinas en la conquista de la gran Lima*. Lima: Instituto de Estudios Peruanos.

GRINDLE, Merilee
1980 *Politics and Policy Implementation in the Third World*. Princeton: Princeton University Press

GRADE - GRUPO DE ANÁLISIS PARA EL DESARROLLO
2010 *Consultoría para el estudio de prácticas de gestión de recursos humanos en entidades públicas*. Lima: SERVIR.

GROMPONE, Romeo y Martín TANAKA (eds.)
2009 *Entre el crecimiento económico y la insatisfacción social: las protestas sociales en el Perú actual*. Lima: Instituto de Estudios Peruanos.

GUPTA, Akhil
2012 *Red Tape. Bureaucracy, structural violence and poverty in India*. Durham: Duke University Press.

HELMKE, Gretchen y Steven LEVITSKY
2004 "Informal Institutions and Comparative Politics. A Research Agenda". En *Perspectives of Politics*, vol. 2, n° 4: 725-740.

HETHERINGTON, Kregg
2011 *Guerrilla Auditors. The Politics of Transparency in Neoliberal Paraguay*. Durham: Duke University Press.

HUBER, Ludwig et ál.
2009 *Programa Juntos. Certezas y malentendidos en torno a las transferencias condicionadas. Estudio de caso de seis distritos rurales del Perú*. Lima: Fondo de Población de las Naciones Unidas, Instituto

de Estudios Peruanos, Fondo de las Naciones Unidas para la Infancia.

HULL, Matthew S.

2012 *Government of Paper: The Materiality of Bureaucracy in Urban Pakistan*. Berkeley: University of California Press.

IACOVELLO, Mercedes

2015 *Diagnóstico institucional del servicio civil en América Latina*: Perú: Banco Interamericano de Desarrollo.

JARAMILLO, Miguel y Jaime SAAVEDRA

2011 "La desigualdad en el Perú después de la reforma estructural. El papel de las fuerzas del mercado y las políticas públicas". En López-Calva, L. y N. Lustig (comps.), *La disminución de la desigualdad en la América Latina: ¿un decenio de progreso?* México D. F.: Fondo de Cultura Económica.

KAPISZEWSKI, Diana, Lauren M. MACLEAN y Benjamin L. READ

2015 *Field Research in Political Science: Practices and Principles*. Cambridge: Cambridge University Press.

KURTZ, Marcus J.

2013 *Latin American State Building in Comparative Perspective: Social Foundations of Institutional Order*. Nueva York: Cambridge University Press.

LATOUR, Bruno

1986 "The Power of Associations". En Law, J. (ed.), *Power, Action and Belief. A New Sociology of Knowledge?* Sociological Review Monograph, Keele: 261-277.

1992 "Where are the Missing Masses? The Sociology of a Few Mundane Artefacts". En Bijker, W. y J. Law, *Shaping Technology/building Society: Studies in Sociotechnical Change*. Cambridge: MIT Press.

LAW, John

2003 "Ordering and Obduracy". Centre for Science Studies, Lancaster University, Lancaster. Disponible en: <comp.lancs.ac.uk/sociology/papers/LawOrdering-and-Obduracy.pdf>.

2009 "Seeing Like a Survey". En *Cultural Sociology*, vol. 3 (2): 239-256.

LIPSKY, Michael
1969 "Toward a Theory of Street-level Bureaucracy". Documento presentado en el Congreso Anual de la Asociación Americana de Ciencia Política (APSA), Nueva York, septiembre 2-6. Wisconsin: Institute for Research on Poverty.

2010 *Street Level Bureaucracy: Dilemmas of the Individual in Public Services. 30th Anniversary Expanded Edition*. The Russell Sage Foundation: Nueva York.

LÓPEZ, Sinesio
1997 *Ciudadanos reales e imaginarios: concepciones, desarrollo y mapa de la ciudadanía en el Perú*. Lima: Instituto de Diálogo y Propuesta.

LÓPEZ, Sinesio y José INCIO
2015 "La política y la desigualdad de ingresos en el Perú". En Contreras, C. et ál., *La desigualdad de la distribución de ingresos en el Perú. Orígenes históricos y dinámica política y económica*. Lima: Fondo Editorial de la Pontificia Universidad Católica del Perú.

LÓPEZ-CÁLIX, José R., Mitchell A. SELLIGSON y Lorena ALCÁZAR
2009 "Local Accountability and the Peruvian Vaso de Leche Program". En Blake, C. y S. Morris (eds.), *Corruption and Democracy in Latin America*. Pittsburg: University of Pittsburg Press.

MAHONEY, James y Gary GOERTZ
2006 "A Tale of Two Cultures: Contrasting Quantitative and Qualitative Research". En *Political Analysis*, vol. 14, n.° 3: 227-249.

MANN, Michael
2006 "El poder autónomo del Estado: sus orígenes, mecanismos y resultados". En *Revista Académica de Relaciones Internacionales*, n.°. 3, noviembre, UAM - AEDRI.

MATOS MAR, José
1987 *Desborde popular y crisis del Estado: el nuevo rostro del Perú en la década de 1980*. Lima: Instituto de Estudios Peruanos.

Meléndez, Carlos
2012 *La soledad de la política: transformaciones estructurales, intermediación política y conflictos sociales en el Perú (2000-2012)*. Lima: Mitin Editores.

Meléndez, Luis
2014 "Cajamarca: la "radicalización" del presidente regional y los poderes fácticos en tiempos de conflicto". En revista *Argumentos*, año 8, n.° 3: 34-39.

Mendoza, Waldo
2015 "La distribución del ingreso en el Perú (1950-2010)". En Contreras, C. et ál., *La desigualdad de la distribución de ingresos en el Perú. Orígenes históricos y dinámica política y económica*. Lima: Fondo Editorial de la Pontificia Universidad Católica del Perú.

MIDIS – MINISTERIO DE DESARROLLO E INCLUSIÓN SOCIAL
2014 *Estrategia Nacional de Desarrollo e Inclusión Social "Incluir para Crecer"*. Lima: MIDIS.

Migdal, Joel
2004 *State in Society. Studying how States and Societies Transform and Constitute one Another*. Cambridge: Cambridge University Press.

Migdal Joel, Atul Kohli y Vivienne Shue
1994 *State Power and Social Forces. Domination and Transformation in the Third World*. Nueva York: Cambridge University Press.

Monge, Álvaro y Laís Grey
2016 *Balance de la política social para el periodo 2011-2016 y retos para el periodo 2016-2021*. Documento elaborado como parte del proyecto IDRC-CIES "Promoviendo el conocimiento y políticas para vincular inclusión social y económica en el Perú". Lima: Consorcio de Investigación Económica y Social.

Muñoz, Paula
2014 "An Informational Theory of Campaign Clientelism: The Case of Peru". En *Comparative Politics*, vol. 47, n.° 1: 79-98.

2016 "Estado, clientelismo y partidos políticos. Una perspectiva comparada". En Grompone, R. (ed.), *Incertidumbres y distancias: el controvertido protagonismo del Estado en el Perú*. Lima: Instituto de Estudios Peruanos.

NEIRA, Hugo
1987 "Violencia y anomia: reflexiones para comprender". En *Socialismo y Participación*, n.° 37: 1-13.

O'DONNELL, Guillermo
1993 "Acerca del Estado, democratización y algunos problemas conceptuales: una perspectiva latinoamericana con referencias a países poscomunistas". En *Desarrollo Económico*, vol. XXXIII (130).

2007 "Polyarchies and the (Un)Rule of Law in Latin America". En O'Donnell, G. (ed.), *Dissonances: Democratic Critiques of Democracy*. Notre Dame: The University of Notre Dame Press.

PALOMINO, Moisés, Diego CERNA y Miguel RIOS
2013 "El servidor municipal: un tema de agenda pendiente para fortalecer la gestión local". En *Revista Argumentos*, año 7, n.° 2, mayo.

PAREDES, Maritza y Rosemary THORP
2011 *La etnicidad y la persistencia de la desigualdad. El caso peruano*. Lima: Instituto de Estudios Peruanos.

PARODI, Jorge
1986 *"Ser obrero es algo relativo": obreros, clasismo y política*. Lima: Instituto de Estudios Peruanos.

PASSOTH, Jan-Hendrick y Nicholas J. ROWLAND
2010 "Actor-network State: Integrating Actor-Network Theory and State Theory". En *International Sociology*, vol. 25, n.° 6: 818-841.

PEPINSKY, Thomas B., Jan, PIERSKALLA y Audrey SACKS
2017 "Bureaucracy and Service Delivery". En *Annual Review of Political Science*, vol. 20: 249-268.

PORTILLO, Shannon y Danielle RUDES
2014 "Construction of Justice at the Street Level". En *Annual Review of Law and Social Science*, vol. 10, n.° 1: 321-334.

PCM, PRESIDENCIA DEL CONSEJO DE MINISTROS
2010 *Informe compilatorio: el programa Juntos, resultados y retos*. Lima: PCM.

2011 *La gran reforma del Estado: 2006-2011. La modernización y la descentralización*. Lima: PCM.

PERLA, Cecilia
2010 "¿Empresas mineras como promotoras del desarrollo? La dimensión política de las inversiones sociales mineras en el Perú". En Meléndez, C. y A. Vergara (eds.), *La iniciación de la política: el Perú político en perspectiva comparada*. Lima: Fondo Editorial de la Pontificia Universidad Católica del Perú.

PNUD, PROGRAMA DE LAS NACIONES UNIDAS PARA EL DESARROLLO
2010 *Informe de desarrollo humano Perú 2009: por una densidad del Estado al servicio de la gente*. Lima: Programa de las Naciones Unidas para el Desarrollo.

PORTOCARRERO Gonzalo y Patricia OLIART
1989 *El Perú desde la escuela*. Lima: Instituto de Apoyo Agrario.

PRESSMAN, Jeffrey y Aaron WILDAVSKY
1998 *Implementación. Cómo grandes expectativas concebidas en Washington se frustran en Oakland*. México D. F.: Fondo de Cultura Económica.

PRITCHETT, Lant, Michael WOOLCOCK y Matthew ANDREWS
2010 *Capability traps? The mechanisms of persistent implementation failure*. Working Paper n.° 234. Center for Global Development.

RACZYNSKI, Dagmar
1995 "Focalización de programas sociales: lecciones de la experiencia chilena". En Pizarro, C., D. Raczynski y J. Vial, *Políticas económicas y sociales en el Chile democrático*. Santiago de Chile:

Corporación de Estudios para Latinoamérica, Programa de las Naciones Unidas para la Infancia.

RAGIN, Charles
2000 *Fuzzy-Set Social Science*. Chicago: University of Chicago Press.

REMY, María Isabel
2010 "El asedio desde los márgenes: entre la multiplicidad de conflictos locales y la lenta formación de nuevos movimientos sociales en Perú". En Tanaka, M. (ed.), *Desafíos de la gobernabilidad democrática: Reformas político-institucionales y movimientos sociales en la región andina*. Lima: Instituto de Estudios Peruanos.

2016 "La política social en el Perú: entre la focalización y los servicios universales". En Grompone, R. (ed.), *Incertidumbres y distancias: El controvertido protagonismo del Estado en el Perú*. Lima: Instituto de Estudios Peruanos.

REYES, Esperanza
2007 *En nombre del Estado: servidores públicos en una microred de salud en la costa rural del Perú*. Lima: Instituto de Estudios Peruanos.

ROBLES, Claudia
2009 *Pueblos indígenas y programas de transferencias con corresponsabilidad. Avances y desafíos desde un enfoque étnico*. Santiago de Chile: Naciones Unidas.

ROMÁN ALFARO, Andrea
2016 "Trayendo de vuelta al individuo: los soportes externos en el proceso de inserción y permanencia en la educación superior de los becarios y becarias de Beca 18". Tesis de maestría en sociología, Escuela de Posgrado de la Pontificia Universidad Católica del Perú.

RORTY, Richard
1996 *Consecuencias del Pragmatismo*. Madrid: Tecnos.

SALAS, Guillermo
2008 *Dinámica social y minería. Familias pastoras de puna y la presencia del proyecto Antamina (1997-2002).* Lima: Instituto de Estudios Peruanos.

SÁNCHEZ Alan y María Gracia RODRÍGUEZ
2016 "Diez años Juntos: un balance de la investigación del impacto del programa de transferencias condicionadas del Perú sobre el capital humano" En GRADE, *Investigación para el desarrollo en el Perú: once balances*. Lima: GRADE.

SERVIR, AUTORIDAD NACIONAL DEL SERVICIO CIVIL
2017 *El Servicio Civil Peruano. Antecedentes, Marco Normativo Actual y Desafíos para la Reforma*. Lima: SERVIR.

SCOTT, James C.
1998 *Seeing like a State: How Certain Schemes to Improve the Human Condition Have Failed*. New Haven: Yale University Press.

SILVA, Andrea
2017 "La importancia del burócrata de la calle para de la implementación de la política social: Un estudio de los gestores y promotores locales del Programa Juntos en Ayacucho y Programa Pensión 65 en Cajamarca". Ponencia presentada en el Congreso 2017 de la Asociación de Estudios Latinoamericanos. Lima, 29 de abril al 1 de mayo de 2017.

SHARMA, Aradhana y Akhil GUPTA (eds.)
2006 *The Anthropology of the State: A Reader*. Malden: Wiley-Blackwell.

SKOCPOL, Theda
1985 "Bringing the State Back In: Strategies of Analysis in Current Research". En Evans, P., D. Rueschemeyer y T. Skocpol (eds.), *Bringing the State Back In*. Massachusetts: Harvard University Press.

SOIFER, Hillel David
2008 "State Infrastructural Power: Approaches to Conceptualization and Measurement". En *Studies in Comparative International Development*, (43): 231-251.

2015 *State Building in Latin America*. Nueva York: Cambridge University Press.

Srnicek, Nick
2014 *The Eyes of the State*. Obtenido de: incrediblemachines.info/nick-srnicek-the-eyes-of-the-state/

Streuli, Natalia
2010 "A Study of how Peruvian Children Involved in a Social Protection Programme Experience Well-being and Poverty". Tesis doctoral, Faculty of Children & Health, Institute of Education, University of London.

Tanaka, Martín
1999 "La participación social y política de los pobladores populares urbanos: ¿del movimentismo a una política de ciudadanos? El caso de El Agustino". En Tanaka, M. (comp.), *El poder visto desde abajo. Democracia, educación y ciudadanía en espacios locales*. Lima: Instituto de Estudios Peruanos.

2001 *Participación popular en políticas sociales. Cuándo puede ser democrática y eficiente y cuándo todo lo contrario*. Lima: Consorcio de Investigación Económica y Social e Instituto de Estudios Peruanos.

2010 "Introducción. El Estado, viejo desconocido". En Tanaka, M. (ed.), *El Estado, viejo desconocido*. Lima: Instituto de Estudios Peruanos.

Tanaka, Martín y Carolina Trivelli
2002 *Las trampas de la focalización y la participación. Pobreza y políticas sociales en el Perú durante la década de Fujimori*. Lima: Instituto de Estudios Peruanos.

Tanaka, Martín y Sofía Vera
2010 "Perú: la dinámica "neodualista" de una democracia sin sistema de partidos". En Cameron, M. y J. P. Luna (eds.), *Democracia en la región andina: diversidad y desafíos*. Lima: Instituto de Estudios Peruanos.

Trivelli, Carolina y Silvana Vargas
2015 *Entre el discurso y la acción. Desafíos, decisiones y dilemas en el marco de la creación del Ministerio de Desarrollo e Inclusión Social.* Lima: Instituto de Estudios Peruanos.

Urrutia, Adriana
2016 "Funcionarios y políticos: Postales cotidianas desde la acción pública". En Grompone, R. (ed.), *Incertidumbres y distancias: el controvertido protagonismo del Estado en el Perú.* Lima: Instituto de Estudios Peruanos.

Valenzuela, Irina
2013 "Focalización de los programas sociales en el Perú: 2007-2011". En *Moneda*, n.° 155. Lima: Banco Central de Reserva del Perú.

Vásquez Huamán, Enrique
2006 *Programas sociales y pobreza.* Lima: Consorcio de Investigación Económica y Social.

2007 *Los niños no-visibles para el Estado.* Lima: Save the Children y Universidad del Pacífico.

2008 *Gerencia estratégica de la inversión social.* Lima: Centro de Investigación de la Universidad del Pacífico.

2010 "Las políticas y programas sociales en el Perú (1999-2009): cuando las limitaciones institucionales afectan la eficacia y la percepción de la inversión social a favor de los más pobres". En Portocarrero, F., E. Vásquez y G. Yamada (eds.), *Políticas sociales en el Perú: nuevos desafíos.* Lima: Pontificia Universidad Católica del Perú; Universidad del Pacífico; Instituto de Estudios Peruanos; Red para el Desarrollo de las Ciencias Sociales en el Perú.

2012 *El Perú de los pobres no visibles para el Estado: la inclusión social pendiente a julio del 2012.* Documento de Trabajo. Lima: Universidad del Pacífico.

Vásquez, Enrique y María del Carmen Franco
2008 "La (in)viabilidad de la fusión de los programas sociales en el Perú". En *Apuntes*, n.° 62: 77-124.

VERGARA, Alberto
2007 *Ni amnésicos ni irracionales. Las elecciones peruanas de 2006 en perspectiva histórica*. Lima: Solar.

VOS, Jeroen
2006 *Pirámides de agua. Construcción e impacto de imperios de riego en la costa norte del Perú*. Lima: Walir, Instituto de Estudios Peruanos.

ZAVALETA, Mauricio
2014 *Coaliciones de independientes. Las reglas no escritas de la política electoral*. Lima: Instituto de Estudios Peruanos.

ZÁRATE, Patricia et ál.
2012 *Insumos para una estrategia de egreso del programa Juntos*. Documento de Trabajo 169. Lima: Instituto de Estudios Peruanos y CARE Perú.

Made in the USA
Monee, IL
11 November 2026

68341123R00132